White Paper Series   Witboekserie

THE DUTCH HET
LANGUAGE IN NEDERLANDS
THE DIGITAL IN HET DIGITALE
AGE TIJDPERK

Jan Odijk   Universiteit Utrecht

Georg Rehm, Hans Uszkoreit
(redactie, editors)

Editors
Georg Rehm
DFKI
Alt-Moabit 91c
Berlin 10559
Germany
e-mail: georg.rehm@dfki.de

Hans Uszkoreit
DFKI
Alt-Moabit 91c
Berlin 10559
Germany
e-mail: hans.uszkoreit@dfki.de

ISSN 2194-1416   ISSN 2194-1424   (electronic)
ISBN 978-3-642-25977-7   ISBN 978-3-642-25978-4   (eBook)
DOI 10.1007/978-3-642-25978-4
Springer Heidelberg New York Dordrecht London

Library of Congress Control Number: 2012940339

Printed on acid-free paper

Springer is part of Springer Science+Business Media (www.springer.com)

VOORWOORD   PREFACE

Dit witboek maakt deel uit van een serie die kennis over taaltechnologie en het potentieel ervan bevordert. Het richt zich op journalisten, politici, taalgemeenschappen en anderen. De beschikbaarheid en het gebruik van taaltechnologie in Europa verschilt per taal. Daarom verschillen de acties die nodig zijn om ondersteuning van onderzoek en ontwikkeling van taaltechnologie te bevorderen eveneens per taal. De vereiste acties hangen af van veel factoren, zoals de complexiteit van een taal en de omvang van de taalgemeenschap.

META-NET, een 'Network of Excellence' gefinancierd door de Europese Commissie, heeft een analyse gemaakt van de huidige taalbronnen en -technologieën. Deze analyse richtte zich op de 23 officiële Europese talen en op andere belangrijke nationale en regionale talen in Europa. De resultaten van deze analyse suggereren dat er veel significante lacunes zijn voor iedere taal. Een gedetailleerdere expertanalyse en beoordeling van de huidige situatie zal ertoe bijdragen de impact van additioneel onderzoek te maximaliseren en risico's te verminderen.

META-NET bestaat tegenwoordig uit 54 onderzoekscentra in 33 landen (p. 75) die werken met belanghebbenden uit de economie (softwarebedrijven, technologieleveranciers en gebruikers), de overheid, onderzoek, niet-gouvernementele organisaties, het onderwijs, en taalgemeenschappen. Samen creëren zij een gemeenschappelijke technologievisie en ontwikkelen daarbij een strategische onderzoeksagenda die laat zien hoe taaltechnologische toepassingen lacunes in het onderzoek aan kunnen pakken tegen 2020.

This white paper is part of a series that promotes knowledge about language technology and its potential. It addresses journalists, politicians, language communities, and others. The availability and use of language technology in Europe varies between languages. Consequently, the actions that are required to further support research and development of language technologies also differ. The required actions depend on many factors, such as the complexity of a given language and the size of its community.

META-NET, a Network of Excellence funded by the European Commission, has conducted an analysis of current language resources and technologies in this white paper series (p. 79). The analysis focused on the 23 official European languages as well as other important national and regional languages in Europe. The results of this analysis suggest that there are tremendous deficits in technology support and significant research gaps for each language. This detailed expert analysis and assessment of the current situation will help maximise the impact of additional research.

META-NET currently consists of 54 research centres from 33 European countries (p. 75). META-NET is working with stakeholders from economy (software companies, technology providers and users), government, research, non-governmental organisations, education, and language communities in creating a common technology vision and strategic research agenda for multilingual Europe 2020.

De auteurs van dit document bedanken de auteurs van het taalwitboek voor het Duits [1] voor de toestemming om geselecteerd taalonafhankelijk materiaal uit hun witboek hier te hergebruiken. Verder wil de auteur Catia Cucchiarini (Nederlandse Taalunie), Walter Daelemans (Universiteit Antwerpen), Alice Dijkstra (NWO), Jean-Pierre Martens (Universiteit Gent), Jacomine Nortier (Universiteit Utrecht), Peter Spyns (Nederlandse Taalunie) en Remco van Veenendaal (TST-centrale) bedanken voor hun bijdragen aan het witboek.

De ontwikkeling van dit witboek is gefinancierd door het Zevende Kaderprogramma en het ondersteuningsprogramma voor ICT-beleid van de Europese Commissie onder de contracten T4ME (Toewijzingsovereenkomst 249119), CESAR (Toewijzingsovereenkomst 271022), METANET4U (Toewijzingsovereenkomst 270893) en META-NORD (Toewijzingsovereenkomst 270899).

The authors are grateful to the authors of the White Paper on German [1] for permission to re-use selected language-independent materials from their document. Furthermore, the author would like to thank Catia Cucchiarini (Dutch Language Union), Walter Daelemans (Antwerp University), Alice Dijkstra (NWO), Jean-Pierre Martens (Ghent University), Jacomine Nortier (Utrecht University), Peter Spyns (Dutch Language Union) and Remco van Veenendaal (HLT Agency) for their contributions to this white paper.

The development of this white paper has been funded by the Seventh Framework Programme and the ICT Policy Support Programme of the European Commission under the contracts T4ME (Grant Agreement 249119), CESAR (Grant Agreement 271022), METANET4U (Grant Agreement 270893) and META-NORD (Grant Agreement 270899).

INHOUDSOPGAVE TABLE OF CONTENTS

HET NEDERLANDS IN HET DIGITALE TIJDPERK

THE DUTCH LANGUAGE IN THE DIGITAL AGE

MANAGEMENTSAMENVATTING

Informatietechnologie verandert ons alledaagse leven. We gebruiken computers om te schrijven, te bewerken, te rekenen en om informatie te zoeken, en steeds meer om te lezen, naar muziek te luisteren, en om foto's en films te bekijken. We dragen kleine computers in onze zakken en gebruiken ze – waar we ook zijn – om op te bellen, e-mails te schrijven, informatie te verkrijgen en ons te onderhouden. Hoe beïnvloedt deze massale digitalisatie van informatie, kennis, en alledaagse communicatie onze taal? Zal onze taal veranderen of zelfs verdwijnen?

Al onze computers zijn met elkaar verbonden in een toenemend dicht en krachtig network. Het meisje in Ipanema, de douaneambtenaar in Venlo, en de ingenieur in Kathmandu kunnen allemaal chatten met hun vrienden op Facebook, maar ze zullen elkaar waarschijnlijk nooit in online gemeenschappen en forums ontmoeten. Als ze zich er zorgen over maken hoe oorpijn behandeld moet worden, zullen ze allemaal Wikipedia raadplegen om dit uit te zoeken, maar zelfs dan zullen ze niet hetzelfde artikel lezen. Wanneer de internettende burgers van Europa de effecten van het kernongeluk in Fukushima op het Europese energiebeleid bespreken in forums en chatsessies, doen ze dat in netjes gescheiden taalgemeenschappen. Wat het internet verbindt wordt nog steeds verdeeld door de talen van de gebruikers ervan. Zal het altijd zo zijn?

Veel van de 6000 talen van de wereld zullen niet overleven in een geglobaliseerde digitale informatiemaatschappij. Er wordt geschat dat minstens 2000 talen gedoemd zijn te verdwijnen in de komende decennia. Andere zullen een rol blijven spelen in families en buurtschappen, maar niet in de wijdere bedrijfs- en academische wereld. Wat zijn de overlevingskansen voor het Nederlands?

Met ongeveer 23 miljoen moedertaalsprekers is het Nederlands de achtste meest gesproken natuurlijke taal in de Europese Unie. Het is slechts een 'kleine' taal in vergelijking met de naburige talen Engels, Duits en Frans. De invloed van het Engels op het taalgebruik is significant, vooral onder jongeren. Het bedrijfsleven, zelfs wanneer het opereert in de Lage Landen (Nederland en Vlaanderen), gebruikt vaak Engels, vooral in multinationals. De communicatietaal in de wetenschap is het Engels. Hoger onderwijs wordt in toenemende mate in het Engels gegeven. Boekpublicaties in het Nederlands, films, en TV- en radioprogramma's in het Nederlands bestaan natuurlijk, maar de markt ervoor is nogal klein.

In de Europese Unie is het Nederlands een officiële taal, maar het Nederlands wordt nauwelijks in de Europese Unie gebruikt. De Nederlandse taal zal zeker niet helemaal verdwijnen, maar er is wel een reëel gevaar dat het gebruik van het Nederlands verdwijnt uit belangrijke gebieden van ons persoonlijke leven, in het bijzonder uit gebieden die te maken hebben met discussies over en beslissingen over beleidskwesties, administratieve procedures, de wetgeving, cultuur en het winkelen.

De status van een taal hangt niet alleen af van het aantal sprekers of het aantal boeken, films en Tv-stations in die taal, maar ook op de aanwezigheid van de taal in de digitale informatieruimte en in softwaretoepassingen. De Nederlandse Wikipedia is de op acht na grootste van de wereld. Met ongeveer 1.24 miljoen internetdomeinen, is het topniveau landendomein .nl van Nederland de elfde landenextensie. Dat is niet slecht voor een klein land zeker aangezien het verder groeit. De hoeveelheid Nederlandstalige data op het web is natuurlijk heel klein in vergelijking tot het Engels en de taaldata van verschillende andere grotere talen zoals Duits en Frans. Dankzij het STEVIN-programma, dat het versterken van de Nederlandse taal expliciet als een van zijn doelstellingen had, doet het Nederlands het ook niet slecht wat betreft software voor de Nederlandse taal en wat betreft Nederlandstalige taalbronnen die nodig zijn om dergelijke software te ontwikkelen. Het speelt in dezelfde liga als het Frans en het Duits, maar loopt nog ver achter op het Engels.

De informatie- en communicatietechnologie bereidt zich nu voor op de volgende revolutie. Na persoonlijke computers, netwerken, miniaturisatie, multimedia, mobiele apparaten, en cloud-computing, zal de volgende generatie van technologie software bevatten die niet alleen maar gesproken klanken of geschreven letters begrijpt, maar hele woorden en zinnen, en die gebruikers veel beter ondersteunt omdat het hun taal spreekt, kent en begrijpt. Voorlopers van deze ontwikkeling zijn de gratis online dienst Google Translate, dat tussen 57 talen vertaalt, de Watson supercomputer van IBM die in staat was de kampioen van de Verenigde Staten in het spel "Jeopardy" te verslaan, en de mobiele assistent Siri van Apple voor de iPhone, die kan reageren op stemcommando's en vragen kan beantwoorden in het Engels, Duits, Frans en Japans.

De volgende generatie informatietechnologie zal natuurlijke taal zo goed beheersen dat menselijke gebruikers in staat zullen zijn te communiceren in hun eigen taal als ze de technologie gebruiken. Apparaten zullen op basis van makkelijk te gebruiken stemcommando's in staat zijn automatisch het belangrijkste nieuws en de belangrijkste informatie te vinden in de digitale kennis-

bank van de wereld. Van taaltechnologie voorziene software zal in staat zijn automatisch te vertalen of tolken bij te staan; om gesprekken en documenten samen te vatten; en om gebruikers te ondersteunen in leerscenario's. Bijvoorbeeld, het zal immigranten – zoals vereist door de regeringen van de Lage Landen – helpen de Nederlandse taal te leren en volledig te integreren in de cultuur van het land.

De volgende generatie informatietechnologie zal industriële en dienstenrobots (die momenteel in onderzoekslaboratoria ontwikkeld worden) in staat stellen op betrouwbare manier te interpreteren wat hun gebruikers hen willen laten doen om dan 'trots' over hun resultaten te rapporteren.

Dit prestatieniveau reikt ver uit boven simpele karakterverzamelingen en woordenboeken, spellingscontrole en uitspraakregels. De technologie moet ophouden met simplistische benaderingen en taal op een alomvattende manier modelleren, en daarbij syntaxis evenals semantiek in beschouwing nemen om de portee van vragen te begrijpen en rijke en relevante antwoorden te genereren.

Er is echter een gapend technologisch gat tussen het Engels en andere talen, inclusief het Nederlands, en dit gat wordt momenteel alleen maar groter. Commercieële bedrijven onderzoeken, ontwikkelen, verkopen en gebruiken taaltechnologie initieel voor het (Amerikaans) Engels, simpelweg omdat de interessantste markten zich in landen bevinden waar (Amerikaans) Engels gesproken wordt. De technologische voorlopers die boven genoemd zijn komen in enkele gevallen pas veel later beschikbaar voor het Nederlands, en in veel gevallen zelfs helemaal niet. Het Nederlands is bij deze ontwikkelingen nauwelijks in het zicht.

Internationale technologische competities laten gewoonlijk zien dat resultaten voor de automatische analyse van het Engels beter zijn dan die voor het Nederlands, alhoewel (of precies omdat) de analysemethodes gelijkaardig of zelfs identiek zijn. Dit geldt voor het extraheren van informatie uit teksten, grammaticacontrole, automatisch vertalen, en een hele reeks van andere toepassingen.

Veel onderzoekers gaan ervan uit dat deze achterstanden te wijten zijn aan het feit dat, nu al vijftig jaar lang, de methodes en algoritmes van de computationele linguïstiek en het onderzoek naar taaltechnologische toepassingen zich eerst en vooral hebben geconcentreerd op het Engels. In een selectie van leidende conferenties en wetenschappelijke tijdschriften tussen 2008 en 2010 is het aantal publicaties over taaltechnologie voor het Engels een orde groter dan het aantal publicaties over taaltechnologie voor welke Europese taal dan ook.

Andere onderzoekers geloven echter dat de methodes die momenteel in gebruik zijn bij het verwerken van natuurlijke taal beter geschikt zijn voor het Engels dan bijv. voor het Duits of het Nederlands (vanwege taalkundige eigenschappen van deze talen). Dat betekent dat we een gerichte, consistente en duurzame onderzoeksinspanning nodig hebben als we gebruikers willen zijn van de volgende generatie informatie- en communicatietechnologie in die gebieden van ons privé- en arbeidsleven waar we Nederlands leven, spreken en schrijven.

Alleen door gerichte programma's zoals het STEVIN-programma was het mogelijk om taalbronnen en basisgereedschappen te creëren die ons in staat stellen onderzoek te doen naar taaltechnologie voor het Nederlands, en het aantrekkelijker te maken voor bedrijven om pro-ducten en diensten in de Nederlandse taal te ontwikkelen en aan te bieden. Er is zeker een zeer hoog onderzoekspotentieel aan deze kant van de Atlantische Oceaan. Naast internationaal gerespecteerde onderzoekscentra en universiteiten zijn er een aantal MKB's die het voor elkaar krijgen om te overleven puur door creativiteit en enorme inspanningen en ondanks de afwezigheid van investeringskapitaal of duurzame publieke financiering.

Samenvattend: het Nederlands zal zeker niet als geheel verdwijnen, zelfs niet door de uitstekende kwaliteit van de Engelse taaltechnologie. Maar met de toenemende uitbreiding van de digitale informatiemaatschappij zou het wel eens kunnen verdwijnen in bepaalde domeinen zoals discussies en beslissingen over beleidskwesties, cultuur, het onderwijs, administratieve procedures, de wetgeving en het winkelen. We kunnen dit voorkomen door ervoor te zorgen dat het Nederlands overleeft in de digitale wereld. Dat vereist duurzame ondersteuning voor onderzoek naar en ontwikkeling van taaltechnologie voor het Nederlands. Door verbeteringen van het automatische vertalen zal taaltechnologie helpen taalbarrières te slechten, maar dat zal alleen kunnen gebeuren voor talen die het voor elkaar gekregen hebben te overleven in de digitale wereld. Als er adequate taaltechnologie beschikbaar is voor een taal, dan zal deze taal kunnen overleven in de digitale wereld, zelfs als er maar een heel kleine aantal moedertaalsprekers is. Indien dit niet het geval is, zal de taal onder grote druk komen te staan.

GEVAAR VOOR ONZE TALEN EN EEN UITDAGING VOOR TAALTECHNOLOGIE

We zijn getuige van een digitale revolutie die een dramatisch effect heeft op de communicatie- en informatiemaatschappij. Recente ontwikkelingen in de digitale informatie- en communicatietechnologie worden soms vergeleken met de uitvinding van de boekdrukkunst. Wat kan deze analogie ons vertellen over de toekomst van de Europese informatiemaatschappij en onze talen in het bijzonder?

We zijn getuige van een digitale revolutie vergelijkbaar met de uitvinding van de boekdrukkunst.

Na de uitvinding van de boekdrukkunst werden ware doorbraken in communicatie- en kennisuitwisseling verwezenlijkt door bijv. de vertaling van de Bijbel in de lokale taal. In de daarop volgende eeuwen werden culturele technieken ontwikkeld om beter om te gaan met taalverwerking en kennisuitwisseling:

- de orthografische en grammaticale standaardisatie van belangrijke talen maakte de snelle verspreiding van nieuwe wetenschappelijke en intellectuele ideeën mogelijk;

- de ontwikkeling van officiële talen stelde burgers in staat om te communiceren binnen bepaalde (vaak politieke) grenzen;

- het onderwijs en de vertaling van talen maakte uitwisseling over talen heen mogelijk;

- de creatie van uitgevers- en bibliografische richtlijnen verzekerde de kwaliteit en beschikbaarheid van gedrukt materiaal;

- de creatie van verschillende media zoals kranten, radio, televisie, boeken, en andere formaten bedienen verschillende communicatienoden.

In de laatste twintig jaar heeft de informatietechnologie eraan bijgedragen veel processen te automatiseren en makkelijker te maken:

- desktop publishing software heeft typen en zetten vervangen;

- Microsoft PowerPoint heeft transparanten voor overheadprojectors vervangen;

- e-mail verstuurt en ontvangt documenten sneller dan een fax-machine;

- Skype biedt goedkope Internet telefoonoproepen aan en verzorgt virtuele ontmoetingen;

- Audio- and videocoderingsformaten maken het makkelijk om multimedia-inhoud uit te wisselen;

- zoekmachines leveren trefwoordgebaseerde toegang tot webpagina's;

- online diensten zoals Google Translate produceren snelle, ruwe vertalingen;

- platforms voor sociale media zoals Facebook, Twitter, and Google+ maken communicatie, samenwerking, en het delen van informatie makkelijker.

Hoewel zulke hulpmiddelen en applicaties nuttig zijn, zijn ze nog niet in staat om een duurzame meertalige Europese maatschappij voor iedereen te ondersteunen met vrij verkeer van informatie en goederen.

2.1 TAALGRENZEN STAAN DE EUROPESE INFORMATIEMAATSCHAPPIJ IN DE WEG

We kunnen niet precies voorspellen hoe de toekomstige informatiemaatschappij eruit gaat zien. Maar het is zeer waarschijnlijk dat de revolutie in de communicatietechnologie mensen die verschillende talen spreken op nieuwe manieren bij elkaar zal brengen. Dat legt druk op individuen om nieuwe talen te leren en vooral op ontwikkelaars om nieuwe technologische toepassingen te maken om wederzijds begrip en toegang tot deelbare kennis te verzekeren.

Een globale economische en informatieruimte confronteert ons met verschillende talen, sprekers en inhoud.

In een globale economische en informatieruimte is er toenemende interactie tussen verschillende talen, sprekers en inhoud dankzij nieuwe mediatypes. De huidige populariteit van sociale media (Wikipedia, Facebook, Twitter, YouTube, and, recentelijk, Google+) is maar het topje van de ijsberg.

We kunnen vandaag de dag in een paar seconden gigabytes tekst rond de wereld sturen voordat we ons realiseren dat de tekst in een taal is die we niet begrijpen. Volgens een recent rapport van de Europese commissie schaft 57% van de Internetgebruikers in Europa goederen en diensten aan in andere talen dan hun moedertaal (Engels is de meest gebruikte vreemde taal, gevolgd door

Frans, Duits en Spaans). 55% van de gebruikers lezen inhoud in een vreemde taal terwijl slechts 35% een andere taal gebruikt om e-mails te schrijven of om commentaren te plaatsen op het Web [2]. Een paar jaar geleden was het Engels waarschijnlijk de lingua franca van het Web – de overgrote meerderheid van inhoud op het Web was in het Engels – maar de situatie is nu drastisch veranderd. De hoeveelheid online inhoud in andere Europese talen (en talen uit Azië en het Midden Oosten) is explosief toegenomen.

Het is verrassend dat deze overal aanwezige digitale tweedeling niet veel publieke aandacht gekregen heeft; maar het doet toch een prangende vraag rijzen: Welke Europese talen zullen gedijen in de genetwerkte informatie- en kennismaatschappij, en welke zijn gedoemd te verdwijnen?

2.2 ONZE TALEN IN GEVAAR

Hoewel de drukpers ertoe bijdroeg de uitwisseling van informatie in Europa te vergroten, leidde het ook tot het verdwijnen van veel Europese talen. Regionale en minderheidstalen werden zelden gedrukt en talen zoals het Cornish en Dalmatisch werden beperkt tot mondelinge vormen van overdracht, wat dan weer hun gebruiksbereik beperkte. Zal het Internet hetzelfde schokeffect hebben op onze talen?

De grote verscheidenheid aan talen in Europa is een van zijn rijkste en belangrijkste culturele bezittingen.

De ongeveer 80 talen van Europa zijn een van zijn rijkste en belangrijkste culturele bezittingen, en een vitaal onderdeel van Europa's unieke sociale model [3]. Hoewel talen zoals Engels en Spaans waarschijnlijk zullen overleven in de opkomende digitale marktplaats, zouden veel Europese talen irrelevant kunnen worden in een genetwerkte maatschappij. Dit zou Europa's globale status verzwakken, en ingaan tegen het strategische doel om gelijke deelname voor iedere Europese burger te verzekeren ongeacht taal.

Volgens een UNESCO rapport over meertaligheid zijn talen een essentieel medium om fundamentele rechten uit te oefenen zoals politieke expressie, onderwijs en deelname aan de maatschappij [4].

2.3 TAALTECHNOLOGIE IS EEN ESSENTIËLE ONDERSTEUNENDE TECHNOLOGIE

In het verleden richtten investeringsinspanningen op het gebied van taalbehoud zich op taalonderwijs en vertaling. Volgens een schatting bedroeg de Europese markt voor vertaling, tolken, softwarelokalisatie en websiteglobalisatie 8.4 miljard euro in 2008 en er wordt een groei verwacht van 10% per jaar [5]. En toch dekt dit getal slechts een klein gedeelte af van de huidige en toekomstige noden voor communicatie tussen talen. De meest overtuigende oplossing om het taalgebruik in het Europa van morgen zowel in de breedte als in de diepte te verzekeren is het gebruik van de gepaste technologie, zoals we ook technologie gebruiken om onze transport-, energie- en handicapnoden op te lossen.

Digitale taaltechnologie (die zich richt op alle vormen van geschreven tekst en gesproken uitingen) helpt mensen samen te werken, handel te drijven, kennis te delen en deel te nemen aan sociale en politieke debatten ongeacht taalbarrières en computervaardigheden. De technologie functioneert vaak onzichtbaar in complexe softwaresystemen om ons te helpen:

- informatie te vinden met een zoekmachine op het internet;
- spelling en grammatica te controleren in een tekstverwerker;

- productaanbevelingen in een online winkel te bekijken;
- de verbale instructies te horen van een navigatiesysteem in auto's;
- webpagina's te vertalen via een online dienst.

Taaltechnologie bestaat uit een aantal essentiële toepassingen die processen mogelijk maken in een groter toepassingskader. Het doel van de META-NET taalwitboeken is om vast te stellen hoe matuur deze kerntechnologieën zijn voor iedere Europese taal.

Europa heeft voor alle talen robuuste en betaalbare taaltechnologie nodig.

Om onze positie aan de frontlinie van de globale innovatie te behouden heeft Europa taaltechnologie nodig die aangepast is aan alle Europese talen, die robuust en betaalbaar is, en nauw geïntegreerd in belangrijke softwareomgevingen. Zonder taaltechnologie zullen we niet in staat zijn een werkelijk effectieve interactieve multimedia en meertalige gebruikerservaring te bereiken in de nabije toekomst.

2.4 MOGELIJKHEDEN VOOR TAALTECHNOLOGIE

Op het gebied van het drukken werd de technologische doorbraak gevormd door het snelle kopiëren van een tekstbeeld (een pagina) met een daartoe uitgeruste drukpers. Mensen moesten het harde werk van het opzoeken, lezen, vertalen en samenvatten van kennis doen. We moesten wachten tot Edison om gesproken taal vast te kunnen leggen – en ook die technologie maakte niet meer dan analoge kopieën.

Digitale taaltechnologie kan nu de processen van vertaling, productie van inhoud en kennismanagement voor alle Europese talen automatiseren. Het kan intuïtieve taal- of spraakgebaseerde interfaces mogelijk maken voor huishoudelijke elektronica, machineparken, voertuigen, computers en robots. Praktische commerciële en industriële toepassingen zijn nog in de initiële stadia van ontwikkeling, maar de resultaten van onderzoek en ontwikkeling creëren echte toegang tot nieuwe mogelijkheden. Zo is automatisch vertalen al redelijk accuraat in specifieke domeinen, en experimentele toepassingen bieden meertalige informatie- en kennismanagement evenals productie van inhoud in veel Europese talen.

Zoals voor de meeste technologieën geldt, zijn ook de eerste taaltoepassingen zoals stemgebaseerde gebruikersinterfaces en dialoogsystemen ontwikkeld voor zeer gespecialiseerde domeinen, en zij laten vaak beperkte performantie zien. Maar er zijn enorme marktmogelijkheden in de onderwijs- en entertainmentsectoren voor de integratie van taaltechnologieën in 'games', sites voor cultureel erfgoed, 'edutainment' pakketten, bibliotheken, simulatieomgevingen en trainingprogramma's. Mobiele informatiediensten, software voor het computerondersteund leren van talen, eLearning-omgevingen, gereedschappen voor zelfevaluatie en software voor plagiaatdetectie zijn maar enkele van de toepassingsgebieden waar taaltechnologie een belangrijke rol kan spelen. De populariteit van socialemediatoepassingen zoals Twitter en Facebook suggereren additionele noden voor gesofisticeerde taaltechnologieën die het plaatsen van berichten kunnen controleren, discussies kunnen samenvatten, trends in opinievorming kunnen suggereren, emotionele reacties kunnen detecteren, en schendingen van copyright kunnen identificeren of misbruik opsporen.

Taaltechnologie biedt de Europese Unie een enorm potentieel. Het kan ertoe bijdragen de complexe kwestie van meertaligheid in Europa aan te pakken – het feit dat verschillende talen op natuurlijke wijze naast elkaar bestaan in Europese bedrijven, organisaties en scho-

len. Maar burgers moeten kunnen communiceren over deze taalgrenzen heen dwars door de Europese Gemeenschappelijk Markt, en taaltechnologie kan helpen deze laatste barrière te overwinnen en daarmee het vrije en open gebruik van individuele talen ondersteunen.

Taaltechnologie draagt ertoe bij de 'handicap' van taaldiversiteit te overwinnen.

Als we nog verder in de toekomst kijken zal innovatieve Europese meertalige taaltechnologie een maatstaf bieden voor onze globale partners wanneer zij hun eigen meertalige gemeenschappen hiervan willen voorzien. Taaltechnologie kan gezien worden als een vorm van 'ondersteunende technologie' die de 'handicap' van taaldiversiteit helpt overwinnen en de taalgemeenschappen toegankelijker voor elkaar maakt.
Tot slot is ook het gebruik van taaltechnologie voor reddingsoperaties in rampgebieden waar succesvol functioneren een kwestie van leven of dood kan zijn een actief onderzoeksgebied: Toekomstige intelligente robots met meertalig vermogen hebben het potentieel om levens te redden.

2.5 UITDAGINGEN VOOR TAALTECHNOLOGIE

Hoewel taaltechnologie aanzienlijke vooruitgang geboekt heeft in de laatste paar jaar is het huidige tempo van de technologische vooruitgang en productinnovatie te langzaam.

Het huidige tempo van de technologische vooruitgang is te langzaam.

Veelgebruikte technologieën zoals programma's voor spellings- en grammaticacontrole in tekstverwerkers zijn typisch eentalig, en zijn alleen beschikbaar voor een handjevol talen. Online diensten voor automatisch vertalen zijn nuttig om snel een redelijke benadering van de inhoud van een document te genereren maar zijn nog hoogst problematisch als het gaat om zeer accurate en volledige vertalingen.

Door de complexiteit van natuurlijke taal is het modelleren van ons taalgebruik in software en het testen ervan in de praktijk een lange en kostbare zaak die duurzame financieringstoezeggingen vereist. Europa moet daarom zijn pioniersrol behouden in het aangaan van de technologische uitdagingen voor een meertalige taalgemeenschap door nieuwe methodes uit te vinden om de ontwikkeling voor het hele gebied te versnellen. Dit zou zowel computationele innovaties als technieken zoals crowdsourcing kunnen omvatten.

2.6 TAALVERWERVING BIJ MENSEN EN MACHINES

Om te illustreren hoe computers met taal omgaan en waarom het moeilijk is ze te programmeren om taal te gebruiken bekijken we kort hoe mensen eerste en tweede talen verwerven, en daarna hoe taaltechnologiesystemen werken.

De mens maakt zich taalvaardigheden eigen op twee verschillende manieren:
door te leren aan de hand van voorbeelden en en door taalregels te leren.

Mensen verwerven taalvaardigheden op twee verschillende manieren. Baby's verwerven een taal door te luisteren naar de interactie tussen de ouders, broers en zussen en andere familieleden. Vanaf een jaar of twee produceren kinderen hun eerste woorden en korte woordcombinaties. Dit is alleen mogelijk omdat mensen een genetisch bepaalde aanleg hebben om te imiteren en daarna te rationaliseren wat ze horen.

Een tweede taal leren op latere leeftijd vereist meer inspanning, vooral omdat het kind niet ondergedompeld is in een taalgemeenschap van moedertaalsprekers. Op school worden vreemde talen meestal verworven door grammaticale structuur, vocabularium en spelling te leren door driloefeningen die taalkundige kennis beschrijven in termen van abstracte regels, tabellen en voorbeelden Een vreemde taal leren wordt moeilijker naarmate men ouder is.

De twee hoofdtypes van taaltechnologische systemen 'verwerven' taalvaardigheden op een vergelijkbare manier. Statistische (of 'datagedreven') benaderingen verkrijgen taalkundige kennis uit gigantische collecties van concrete voorbeeldteksten. Hoewel het volstaat om tekst van een enkele taal te gebruiken om bijv. een spellingchecker te ontwikkelen, moeten parallelle teksten in twee (of meer) talen beschikbaar zijn om een automatisch vertaalsysteem te ontwikkelen. Een 'machine-learning' algoritme 'leert' dan patronen voor de vertaling van woorden, korte frases en volledige zinnen.

Deze statistische benadering kan miljoenen zinnen vereisen en de kwaliteit van de technologie neemt toe naarmate er meer tekst geanalyseerd wordt. Dit is een van de redenen waarom leveranciers van zoekmachinediensten zo graag zoveel mogelijk geschreven materiaal verzamelen. Spellingscorrectie in tekstverwerkers, en diensten zoals Google Search en Google Translate zijn allemaal gebaseerd op statistische benaderingen. Het grote voordeel van statistiek is dat de machine snel leert in continue series van trainingscycli hoewel de kwaliteit enorm kan verschillen.

De tweede benadering van taaltechnologie en automatisch vertalen in het bijzonder bestaat uit het bouwen van regelgebaseerde systemen. Experts op het gebied van taalkunde, computationele taalkunde en informatica moeten eerst grammaticale analyses (vertaalregels) inbrengen en vocabulariumlijsten (lexicons) samenstellen. Dit is zeer tijds- en arbeidsintensief. Enkele van de regelgebaseerde automatische vertaalsystemen zijn al meer dan twintig jaar onder constante ontwikkeling. Het grote voordeel van regelgebaseerde systemen zit 'm in de gedetailleerde controle die experts hebben over de taalverwerking. Dat maakt het mogelijk om systematisch fouten in de software te corrigeren en gedetailleerde feedback te geven aan de gebruiker, vooral wanneer regelgebaseerde systemen gebruikt worden voor het leren van taal. Maar door de hoge kosten van dit werk is regelgebaseerde technologie tot nu toe alleen ontwikkeld voor de belangrijkste talen.

De twee hoofdtypes van taaltechnologische systemen 'verwerven' taalvaardigheden op een vergelijkbare manier.

Aangezien de sterktes en zwaktes van statistische en regelgebaseerde systemen complementair neigen te zijn, richt het huidige onderzoek zich op hybride benaderingen die de twee methodologieën combineert. Tot nu toe zijn die benaderingen echter minder succesvol geweest in industriële toepassingen dan in het onderzoekslaboratorium.

Zoals we gezien hebben in dit hoofdstuk maken veel wijdverbreide toepassingen in de moderne informatiemaatschappij intensief gebruik van taaltechnologie. Vanwege de meertaligheid van de gemeenschap geldt dat in het bijzonder voor de Europese economische en informatieruimte. Hoewel taaltechnologie enorme vooruitgang geboekt heeft in de laatste paar jaar, ligt er nog een enorm potentieel om de kwaliteit van taaltechnologiesystemen te verbeteren. In de volgende secties zullen we de rol van het Nederlands in de Europese informatiemaatschappij beschrijven en de huidige toestand van taaltechnologie voor het Nederlands evalueren.

HET NEDERLANDS IN DE EUROPESE INFORMATIEMAATSCHAPPIJ

3.1 ALGEMENE FEITEN

Met ongeveer 23 miljoen moedertaalsprekers is het Nederlands de achtste meest gesproken taal in de EU. Het is de algemeen gebruikte taal in Nederland en het Vlaamse deel (Vlaanderen) van België en een van de officiële talen in Suriname, Aruba, Curaçao en Sint-Maarten, waar het door delen van de bevolking wordt gebruikt. Het wordt ook gesproken in de EU in Frankrijk en Duitsland, en buiten de EU in Brazilië, Canada, Indonesië (Java en Bali), Zuid-Afrika, en de Verenigde Staten. De officiële Nederlandse naam voor de taal is *Nederlands*, hoewel Nederlands zoals gesproken in Vlaanderen gewoonlijk *Vlaams* genoemd wordt.

Dit witboek richt zich op de toestand van het Nederlands en taaltechnologie ervoor in Nederland en Vlaanderen, die we gezamenlijk zullen aanduiden met de term 'de Lage Landen'.

In Nederland is het Nederlands de gemeenschappelijke geschreven en gesproken taal en de moedertaal van de overgrote meerderheid van de bevolking. Nederland heeft een officieel erkende minderheidstaal, het Fries, gesproken in de provincie Friesland. Er zijn verschillende immigrantentalen. Er zijn geen betrouwbare gegevens over de aantallen sprekers van immigrantentalen bekend. Maar het Centraal Bureau voor de Statistiek [6] levert wel cijfers voor immigranten per etniciteit (≠nationaliteit). Voor etniciteiten van buiten Nederland zijn er ongeveer 1.5 miljoen van westerse oorsprong, en voor niet-westerse herkomst zijn de cijfers:

Marokko (Rif Berber, geschat op 75%, en (Marokkaans) Arabisch, geschat op 25%) 350k personen, Nederlandse Antillen en Aruba (Papiamento) 138k personen, Suriname (Nederlands, Sranan, Guyaans Creools Engels, Hindustani, Javaans) 342k personen, Turkije (Turks) 383k personen, en andere niet-westerse landen (verschillende talen) 644k personen.

Met ongeveer 23 miljoen moedertaalsprekers is het Nederlands de achtste meest gesproken taal in de EU.

In België is het Nederlands bij wet de taal van Vlaanderen, en een van de twee talen (naast Frans) van de regio Brussel. België heeft ook een Frans sprekende regio en een Duits sprekende regio.

Het Nederlands heeft een variëteit aan dialecten, waaronder (in Nederland) Achterhoeks, Drents, Gronings, Limburgs, Sallands, Stellingwerfs, Twents, Veluws en Zeeuws, en in Vlaanderen West-Vlaams, Antwerps, Oost-Vlaams, Brabants en Limburgs. De orthografie is gestandaardiseerd maar er zijn recentelijk (1996 and 2006) wat veranderingen in de standaard doorgevoerd. De standaard is verplicht in onderwijs en overheidspublicaties. Enkele van de recent voorgestelde wijzigingen hebben geleid tot verschillende interpretaties van de standaard door verschillende uitgevers, wat heeft geresulteerd in kleine spellingsverschillen (bijv. *het Groene Boekje* [7]: *actievoeren* v. *Van Dale*: *actie voeren*), en enkele spellingsveranderingen werden niet geaccepteerd door alle uitgevers [8], die daarom enkele woorden anders spellen (vooral met betrekking tot de zogenaamde *tussen-n* in samenstellingen), in overeenstemming met het zogenaamde *Witte Boekje* [9].

De Nederlandse orthografie kan behoorlijk moeilijk zijn voor bepaalde woorden en constructies, zelfs zo moeilijk dat ieder jaar het zogenaamde *Groot Dictee* [10] wordt georganiseerd door Nederland en Vlaanderen en uitgezonden op de nationale TV. Het *Groot Dictee* is zo moeilijk dat iedereen die minder dan 30 fouten in ongeveer 8 zinnen maakt beschouwd kan worden als een excellent speller!

Over het algemeen delen de Nederlandse dialecten in Nederland dezelfde kerngrammatica, hoewel sommige dialecten verschillen vertonen in bepaalde syntactische constructies. Er is een behoorlijk aantal lexicale verschillen tussen dialecten, en vooral tussen het Nederlands zoals gesproken in Nederland en het Nederlands zoals gesproken in Vlaanderen, bijv. het woord *ajuin* wordt gebruikt in Vlaanderen in plaats van het Standaardnederlands *ui*. Er zijn ook heel wat woorden die hetzelfde zijn in Vlaanderen en Nederland maar een andere betekenis hebben, bijv. *middag* in Nederland betekent de periode van een dag van 14:00-17:00 uur, terwijl het in Vlaanderen de periode van de dag van 12:00-14:00 uur betekent.

Het Vlaams gebruikt ook veel woorden die hun herkomst hebben in het Frans, bijv. termen voor auto-onderdelen, waar het Nederlands in Nederland eerder Engelse of op het Engels geïnspireerde woorden gebruikt. Dit heeft soms ook gevolgen voor de uitspraak, bijv. de woorden *flat* en *tram* worden zowel in Nederland als in Vlaanderen gebruikt, ze zijn ontleend aan het Engels, maar in Vlaanderen verliep de ontlening via het Frans, zodat deze woorden in Vlaanderen uitgesproken worden als fl[A]t en tr[A]m terwijl ze in het Nederlands uitgesproken worden als fl[E]t en tr[E]m.

3.2 EIGENAARDIGHEDEN VAN HET NEDERLANDS

Het Nederlands vertoont enkele specifieke karakteristieken, die bijdragen aan de rijkdom van de taal door het sprekers mogelijk te maken ideeën tot uitdrukking te brengen op een groot aantal verschillende manieren. Een zo'n karakteristiek is dat het vrij gebruikelijk is om niet-onderwerpen vooraan in de zin te zetten (veel gebruikelijker dan in het Engels). Neem bijv. de Engelse zin *The woman was going to the store every day*. In het Engels zijn er maar beperkte mogelijkheden om een andere woordvolgorde te gebruiken, maar in het Nederlandse equivalent kan bijna iedere woordgroep vooraan in de zin staan:

- De vrouw ging elke dag naar de winkel
- Elke dag ging de vrouw naar de winkel
- Naar de winkel ging de vrouw elke dag

De woordvolgorde in het Nederlands is relatief vrij.

De woordvolgorde in het Nederlands is dan ook veel vrijer dan in het Engels (maar niet zo vrij als in het Duits). Het Nederlands heeft een vrij productief verschijnsel van woordvorming door nieuwe samenstellingen te maken, hoewel het gebruik en de productiviteit niet zo extreem zijn als in het Duits. Desondanks komen nieuwgevormde samenstellingen frequent voor en zij zijn moeilijk te verwerken voor taaltechnologie.

Bepaalde eigenschappen van het Nederlands vormen uitdagingen voor automatische verwerking ervan door computers.

Een andere karakteristiek van het Nederlands die automatische verwerking moeilijk maakt wordt gevormd door scheidbare werkwoordsprefixen die op kunnen treden op plaatsen in de zin ver weg van het werkwoord waar ze bij horen in geneste ('tang') constructies zoals:

Hij **stelde** zich na mij een drankje aangeboden te hebben en wij in gesprek geraakt waren aan ons **voor**.

De betekenis van een werkwoord dat een dergelijk scheidbaar prefix zoals *voor*, *in*, of *uit* bevat kan zeer vaak niet afgeleid worden van de betekenis van het basiswerkwoord en de betekenis van het prefix. Het werkwoord *stellen* (betekenis: 'zetten, plaatsen') is bijvoorbeeld bevat in *voorstellen* (betekenis: 'inbeelden', 'introduceren', etc.), *instellen* (betekenis o. a. 'afregelen'), *uitstellen* (betekenis 'opschorten') en in vele andere werkwoorden.

De automatische verwerking van de zogenaamde R-pronomina is moeilijk.

Een andere eigenaardigheid die de automatische verwerking van het Nederlands compliceert is het verschijnsel van de zogenaamde R-pronomina zoals *er, waar, daar*. Deze voornaamwoorden staan vaak verwijderd van het voorzetsel waar ze bij horen

Hij keek daar gisteren naar.

waar *daar* en *naar* van elkaar gescheiden worden door het bijwoord *gisteren*. Verder kan een enkel voorkomen van het voornaamwoord *er* meerdere functies tegelijkertijd vervullen, bijv. in

Dachten er twee over na?

waar *er* tegelijkertijd bij het voorzetsel *over* en bij het telwoord *twee* hoort.

3.3 RECENTE ONTWIKKELINGEN

Vanaf de jaren vijftig van de vorige eeuw begonnen Amerikaanse TV-series de Nederlandse markt te veroveren. Buitenlanse films en series worden over het algemeen uitgezonden in de originele taal en ondertiteld. De sterke aanwezigheid van de Amerikaanse manier van leven in de media heeft de Nederlandse taal en cultuur beïnvloed. Dankzij de voortdurende triomf van de Engelse muziek sinds de jaren zestig (bijv. Elvis Presley, de Beatles), zijn generaties van jonge mensen opgegroeid in een omgeving waar het Engels natuurlijk was. Het Engels werd de 'coole/hippe' taal en heeft die status tot op de dag van vandaag behouden.

De voortdurende populariteit komt tot uitdrukking in het feit dat tegenwoordig leenwoorden vaak hun oorsprong hebben in het Engels. Volgens een schatting door [11], bestaat 30% van het Nederlandse vocabularium uit leenwoorden, en vele ervan komen uit het Engels. In de meeste gevallen vullen deze woorden een lacune op, d. w. z. ze verrijken het Nederlands eerder dan er een bedreiging voor te vormen, hoewel sommige leenwoorden beschouwd worden als *anglicismen*, d. w. z. barbarismen uit het Engels waar geschikte Nederlandse equivalenten voor bestaan die bij voorkeur gebruikt zouden moeten worden.

Leenwoorden uit het Engels domineren in het bedrijfsleven, de wetenschap, bepaalde technische domeinen en op het internet. Er kan ook een sterke tendens om Engels te veel te gebruiken waargenomen worden in productreclames.

Deze ontwikkelingen laten zien hoe belangrijk het is mensen bewust te maken van een ontwikkeling die het risico inhoudt dat een deel van de bevolking buitengesloten wordt van deelname in de informatiemaatschappij, namelijk degenen die niet vertrouwd zijn met het Engels. Dit was ook een van de redenen om het Nederlands-Vlaamse taal- en spraaktechnologische programma STEVIN [12], dat beoogde de positie van het Nederlands in de moderne informatiemaatschappij te consolideren, op te starten.

3.4 TAALCULTIVATIE IN DE LAGE LANDEN

Het Nederlands wordt vertegenwoordigd door verschillende publiek gefinancierde organisaties en taallichamen. Er is een intergouvernementele organisatie voor taalbeleid, de Nederlandse Taalunie [13], waarin Nederland, Vlaanderen en Suriname samenwerken op het gebied van de Nederlandse taal. Het beleid van de Taalunie wordt vastgesteld door het Comité van Ministers, een commissie met de Nederlandse en Vlaamse ministers voor onderwijs en cultuur en een vertegenwoordiger van Suriname als leden. De Taalunie werkt ook samen met de Caraïbische eilanden die het Nederlands als een officiële taal hebben.

Het beleid van de Nederlandse Taalunie betreft de Nederlandse taal zelf, het Nederlands in digitale toepassingen, het onderwijs van de Nederlandse taal, literatuur, het bevorderen van leesvaardigheden, de positie van het Nederlands in Europa en de wereld, en tot slot de niet geringe taak van het verzorgen van één enkele uniforme officiële spelling voor het Nederlands.

Private initiatieven omvatten het *Genootschap Onze Taal* [14], en het *Algemeen Nederlands Verbond* [15].

Maatregelen om de status van het Nederlands te beschermen worden zelden getroffen.

Er zijn verschillende instituten die zich wijden aan de studie van de Nederlandse taal en cultuur, bijv. het *Instituut voor Nederlandse Lexicologie (INL)* [16], het *Meertens Instituut* (dat de Nederlandse taal en dialecten, en de Nederlandse cultuur bestudeert) [17], en het *Huygens ING Instituut* (voor de studie van Nederlandse literatuur en geschiedenis) [18]. De twee laatstgenoemde zijn instituten van de *Koninklijke Nederlandse Academie voor Wetenschappen (KNAW)* [19]. Verder verzorgt de TST-Centrale [20], een initiatief van en gefinancierd door de Nederlandse Taalunie en gebaseerd in het INL, opslag, onderhoud en distributie van taaltechnologische bronnen voor het Nederlands.

In tegenstelling tot andere landen heeft Nederland geen taalacademie, maar België heeft wel de *Koninklijke Academie voor Nederlandse Taal- en Letterkunde* [21].

Maatregelen om de status van het Nederlands te beschermen worden zelden getroffen. Een uitzondering wordt gevormd door de 'taalwetten' in België, met zijn gecompliceerde en gevoelige taalsituatie, gedeeltelijk om het Nederlands te beschermen tegen het Frans. Op het gebied van de taaltechnologie vormt de financiering van het STEVIN-programma om de positie van het Nederlands in de moderne informatie- en communicatiemaatschappij te consolideren een zeldzame uitzondering voor de korte termijn, en het opzetten van de TST-Centrale een goede (maar zeer kleine) stap naar een aanpak voor de langere termijn.

Het Nederlands is relatief klein, en de moedertaalsprekers ervan zijn over het algemeen goed opgeleid en spreken andere talen (vooral Engels). Dat plaatst het Nederlands in een nadelige positie ten opzicht van talen zoals het Frans, dat een groot aantal sprekers heeft en sterk gepromoot wordt door de globale Franssprekende gemeenschap in de zogenaamde Francofonie. Deze factoren kunnen een houding van tolerantie en openheid ten opzichte van culturele diversiteit aanmoedigen, maar kunnen ook een bedreiging vormen voor de cultivatie van de Nederlandse taal.

3.5 TAAL IN HET ONDERWIJS

Het Ministerie van Onderwijs, Cultuur en Wetenschappen (OCW) organiseert en overziet onderwijs in het algemeen, inclusief het onderwijs van de Nederlandse taal in Nederland. In Vlaanderen is het Department Onderwijs & Vorming verantwoordelijk voor onderwijs.

Taalvaardigheden vormen een kernkwalificatie benodigd in het onderwijs en voor persoonlijke en professionele communicatie. Het onderwijs van het Nederlands neemt ongeveer een derde van de schoollessen in beslag van 9-11 jaar oude leerlingen, vergelijkbaar met de moedertaallessen in Frankrijk en Griekenland en hoger dan de 20% gerapporteerd voor Duitsland. Het is daarom niet verrassend dat, op Europees niveau, de PISA 2009 studie als resultaat had dat Nederlandse studenten significant boven het OECD-gemiddelde scoorden met betrekking tot leesvaardigheid [22].

Het onderwijs van het Nederlands 'extra muros' wordt ook systematisch gemonitord via studies uitgevoerd door of onder de supervisie van de Nederlandse Taalunie [23]. De aandacht van de Nederlandse Taalunie gaat daarbij niet alleen uit naar onderzoek maar ook naar concrete beleids- en praktische richtlijnen om problemen aan te pakken op gebied van de spelling, leesvaardigheid, taalvaardigheid van de leraren, taal- en of onderwijsachterstand, onderwijs in literatuur, en andere onderwerpen.

Voortdurende aandacht voor onderwijs van de Nederlandse taal op school is essentieel om studenten te voorzien van de taalvaardigheden die vereist zijn voor actieve participatie in de maatschappij. Taaltechnologie kan hier een belangrijke bijdrage leveren door zogenaamde systemen voor computerondersteund taalonderwijs (CALL) aan te bieden, die studenten in staat stellen taal op speelse wijze te ervaren, bijvoorbeeld door speciaal vocabularium in een elektronische tekst te verbinden met begrijpelijke definities of aan audio- of videobestanden met additionele informatie, bijv. de uitspraak van een woord.

3.6 INTERNATIONALE ASPECTEN

Het Nederlands heeft auteurs voortgebracht van internationale faam, en veel auteurs bereiken een internationaal publiek via vertalingen van hun werk [24]. Desondanks is de invloed van het Nederlands klein in vergelijking met grote talen zoals het Engels, Duits en Frans. In de filosofie heeft Nederland significante bijdragen geleverd (bijv. Spinoza, en meer recent (op het gebied van de grondslagen van de wiskunde) L. E. J. Brouwer en E. W. Beth). De Lage Landen hebben een bloeiende wetenschappelijke gemeenschap en een hoog internationaal prestige. Achttien wetenschappers uit Nederland en vijf uit België (waarvan twee uit Vlaanderen) hebben Nobelprijzen gewonnen in de natuurkunde, scheikunde, economie, literatuur en medicijnen.

Het Nederlands heeft nooit een belangrijke rol gespeeld in internationale wetenschappelijke publicaties. Hoewel veel publicaties over het Nederlands recht, literatuur en geschiedenis in het Nederlands geschreven worden, zijn de meeste wetenschappelijke publicaties in het Engels. Op veel conferenties, workshops en lezingen op Nederlandse universiteiten is de werktaal Engels. Dat is ook zo in het bedrijfsleven. In veel grote en internationaal actieve bedrijven is Engels de lingua franca geworden, zowel voor geschreven (e-mails en documenten) als voor mondelinge communicatie (bijv. presentaties).

> Het Nederlands heeft nooit een belangrijke rol gespeeld in internationale wetenschappelijke publicaties.

Hoewel het Nederlands onderwezen wordt door 700 leraren op 190 universiteiten en door 6000 docenten aan 400,000 studenten aan honderden niet-universitaire instituten, is de status van het Nederlands als vreemde taal altijd marginaal geweest in vergelijking tot grote talen zoals Engels. Pragmatische redenen om Nederlands te leren (bijv. betere kansen op de arbeidsmarkt) zijn van weinig belang, dus de meeste studenten moeten gedreven zijn door pure belangstelling in de Nederlandse taal. In de Europese Unie is het Nederlands een officiële taal, maar het Nederlands wordt nauwelijks gebruikt bij de dagelijkse werkzaamheden van de Europese Unie. Alleen de officiële wetgeving, enkele documenten voor Nederlands sprekende leden van het Europees parlement, en documenten gericht op het algemene publiek worden ook in het Nederlands gepubliceerd. Dat maakt het Nederlands tot een enigszins marginale taal op EU-niveau, en brengt de belangen van de Nederlands sprekende gemeenschappen in gevaar.

Taaltechnologie kan deze uitdaging aangaan vanuit een ander perspectief door diensten aan te bieden zoals automatisch vertalen of meertalige informatieretrieval toegepast op teksten in vreemde talen, om zo de persoonlijke en economische nadelen waar niet-moedertaalsprekers van het Engels van zelf tegen aan lopen te verkleinen.

3.7 HET NEDERLANDS OP HET INTERNET

In juni 2010 was 88.6% van de Nederlanders internetgebruikers [25] en had 72.7% van de Vlamingen [26] internet. Onder jonge mensen is het aandeel gebruikers zelfs nog hoger. Er is een actieve Nederlands sprekende webgemeenschap, wat bijvoorbeeld blijkt uit de Nederlandse Wikipedia, die qua omvang de negende Wikipedia in de wereld is [27]. Een recente studie heeft laten zien dat 90% van de Europese internetgebruikers liever een website in hun moedertaal leest dan een website in een andere taal, en slechts een klein gedeelte zou een webpagina in het Engels accepteren als er geen alternatief in hun moedertaal is [2]. Verder daalt het actieve gebruik van het internet naar 35% wanneer het in een andere dan de moedertaal moet gebeuren. Dat toont het belang van de moedertaal op het internet aan.

De Nederlandse Wikipedia is qua omvang de negende Wikipedia in de wereld.

Met ongeveer 1.24 miljoen Internetdomeinen [28] is het landendomein van Nederland (.nl) de elfde landenextensie. Hoewel dat niet slecht is voor een klein land en nog steeds groeiende is, is de hoeveelheid taaldata voor het Nederlands die beschikbaar is op het web natuurlijk gering in vergelijking met de data voor het Engels en verschillende andere grotere talen zoals Duits en Frans.

Voor taaltechnologie is het toenemende belang van het internet belangrijk op twee manieren. Enerzijds vormt de grote hoeveelheid taaldata een rijke bron voor de analyse van natuurlijke taal, in het bijzonder door statistische informatie te verzamelen. En aan de andere kant biedt het internet een grote reeks toepassingsgebieden waar taaltechnologie een rol kan spelen.

Met ongeveer 1.24 miljoen Internetdomeinen is het landendomein van Nederland (.nl) de elfde landenextensie.

De meest gebruikte webtoepassing is zonder meer zoeken op het web, dat automatische verwerking van taal op meerdere niveaus omvat, zoals we in meer detail zullen zien in het tweede deel van dit witboek. Het omvat gesofisticeerde taaltechnologie, die verschilt per taal. Voor het Nederlands zit daarbij het vergelijken van woorden met varianten in een andere spelling, en het afbeelden van woorden met diakritische tekens zoals accenten en trema's op woorden zonder deze diakritische tekens. Maar internetgebruikers kunnen ook voordeel hebben van taaltechnologie op minder voor de hand liggende manieren, bijvoorbeeld als het gebruikt wordt om webinhoud te vertalen van de ene taal naar de andere. Wanneer men de hoge kosten in beschouwing neemt waar sprake van is bij handmatige vertaling van de inhoud, is het verbazingwekkend hoe weinig bruikbare taaltechnologie ingebouwd wordt in vergelijking met de te verwachten noden.

Het wordt echter minder verbazingwekkend als we ook de complexiteit van (de Nederlandse) taal in beschouwing nemen en het aantal technologieën dat nodig is voor typische taaltechnologische toepassingen. Voor meer informatie over de Nederlandse taal verwijzen we naar [29, 30, 31, 32, 33, 34, 35].

In het volgende hoofdstuk zullen we een inleiding geven op taaltechnologie en diens kerntoepassingsgebieden evenals een evaluatie van de huidige situatie van taaltechnologische ondersteuning voor het Nederlands.

4

TAALTECHNOLOGISCHE ONDERSTEUNING VOOR HET NEDERLANDS

Taaltechnologieën zijn informatietechnologieën die specifiek ingericht zijn voor het verwerken van taal zoals gebruikt door mensen. Daarom worden deze technologieën in het Engels ook vaak aangeduid met de term 'Human Language Technology'. Mensentaal komt voor in gesproken en geschreven vorm. Spraak is de oudste en meest natuurlijke manier van taalcommunicatie, maar complexe informatie en de meeste kennis die mensen hebben worden bijgehouden en overgedragen via het geschreven woord. Spraak- en teksttechnologieën verwerken of produceren taal in deze twee realisatiewijzes, daarbij gebruik makend van woordenboeken, grammaticaregels en semantiek. Daarmee verbindt taaltechnologie taal aan verschillende vormen van kennis, onafhankelijk van de media (spraak of text) waarin het uitgedrukt wordt. Figuur 1 illustreert het taaltechnologielandschap.

Bij onze communicatie combineren we taal met andere manieren van communicatie en met andere informatiemedia, bijv. spraak met gebaren en gezichtsuitdrukkingen. Digitale teksten worden gecombineerd met plaatjes en geluiden. Films kunnen taal in gesproken en geschreven vorm bevatten. Kortom, spraak- en teksttechnologieën overlappen en interageren met vele andere technologieën die het verwerken van multimodale communicatie en multimedia documenten mogelijk maken.

In deze sectie zullen we de kerntoepassingsgebieden van de taaltechnologie beschrijven, in het bijzonder taalcontrole, zoeken op het web, spraakinteractie en automatische vertaling. Deze toepassingen en technologieën omvatten o. a.:

- spellingscontrole
- auteursondersteuning
- computergesteund taalleren
- zoeken naar informatie
- extractie van informatie
- tekstsamenvatting
- vraag-antwoordsystemen
- taaldetectie
- spraaksynthese

Taaltechnologie is een gevestigd onderzoeksgebied, met een uitgebreide basisliteratuur. De geïnteresseerde lezer verwijzen we naar [38, 39, 40, 41].

Voordat we boven genoemde toepassingsgebieden nader behandelen, zullen we eerst de architectuur van een typisch taalverwerkingssysteem beschrijven.

4.1
TOEPASSINGSARCHITECTUREN VOOR TAALTECHNOLOGIE

Meestal bestaan softwaretoepassingen voor taalverwerking uit meerdere componenten die verschillende aspecten van taal reflecteren. Hoewel zulke toepassingen gewoonlijk zeer complex zijn, laat Figuur 2 een sterk ver-

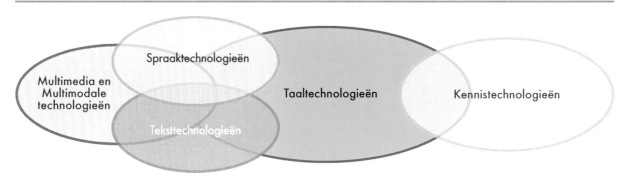

1: Het taaltechnologielandschap

eenvoudigde architectuur zien van een typisch tekstverwerkingssysteem. De eerste drie modules behandelen de structuur en de betekenis van de tekstinput:

1. Voorverwerking: opschonen van de data, het analyseren en/of verwijderen van opmaak, detecteren wat de input taal is, "e" door "ë" vervangen (in het Nederlands), etc.

2. Grammaticale analyse: het werkwoord en zijn complementen vinden, bepalingen, etc.; de zinsstructuur vaststellen.

3. Semantische analyse: zorgt voor desambiguering, d. w. z. het berekent de juiste betekenis van woorden in de gegeven context; het lost de verwijzing van anaforen op (d. w. z. waar verwijst een voornaamwoord naar); het geeft de betekenis van de zin weer op een voor machines leesbare manier

Na de analyse van de tekst voeren taakspecifieke modules allerlei operaties uit zoals automatische samenvatting van een inputtekst, zoeken in een databank en vele andere.

In deze sectie zullen we eerst **kerntoepassingsgebieden** voor taaltechnologie introduceren. Daarna zullen we een kort overzicht geven van de situatie in taaltechnologisch onderzoek en onderwijs, en we sluiten af met een overzicht van (in het verleden) gefinancierde programma's. Tot slot presenteren we, in tabelvorm, een inschatting door experts van de situatie met betrekking tot essentiële taaltechnologische software en data langs een aantal dimensies, zoals beschikbaarheid, maturiteit, en kwaliteit (Figuur 8) . Deze tabel geeft een goed overzicht van de situatie voor taaltechnologie voor het Nederlands. De in de tekst vet gedrukte toepassingen en taalbronnen zijn eveneens in deze tabel te vinden.

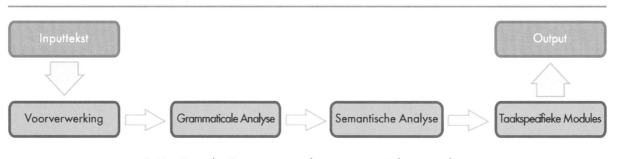

2: Een Typische Toepassingsarchitectuur voor Tekstverwerking

Daarna wordt er een vergelijking gemaakt met betrekking tot taaltechnologische ondersteuning tussen het Nederlands en de andere talen die in deze witboekserie onderzocht zijn.

4.2
KERNTOEPASSINGSGEBIEDEN

In deze sectie richten we ons op de belangrijkste taaltechnologische hulpmiddelen en taalbronnen, en geven we een overzicht van activiteiten op het gebied van de taaltechnologie in de Lage Landen.

4.2.1 Taalcontrole

Iedereen die een tekstverwerker gebruikt zoals Microsoft Word is wel een component voor spellingscontrole tegengekomen die spellingsfouten aanduidt en verbeteringen suggereert. De eerste taalcontroleprogramma's vergeleken een lijst van gevonden woorden met een woordenboek van correct gespelde woorden. Vandaag de dag zijn zij aanzienlijk gesofisticeerd. Door gebruik te maken van taalspecifieke algoritmes voor **grammaticale analyse** ontdekken zij fouten gerelateerd aan morfologie (bijv. meervoudsvormen) en bepaalde syntactische fouten, zoals een ontbrekend werkwoord of een werkwoord dat niet congrueert met het onderwerp in persoon en getal, bijv. in *Hij *bied geld aan*. De meeste spellingscontroleprogramma's (inclusief Microsoft Word) vinden echter geen fouten in de volgende tekst [42]:

> I have a spelling checker,
> It came with my PC.
> It plane lee marks four my revue
> Miss steaks aye can knot sea.

Om met dit soort fouten om te gaan is in veel gevallen een analyse van de context nodig, bijvoorbeeld om te beslissen of een werkwoord in het Nederlands geschreven moet worden met *dt* of *d*, zoals in:

- Hij heeft het dier *verwond*.
- Hij *verwondt* het dier.

Dit vereist hetzij de formulering van taalspecifieke grammaticaregels, d. w. z. een hoge mate van expertise en manueel werk, hetzij het gebruik van een zogenaamd statistisch taalmodel. Zulke modellen berekenen de waarschijnlijkheid van het voorkomen van een bepaald woord in een specifieke context (d. w. z. de woorden ervoor en erna). Een statistisch taalmodel kan automatisch worden afgeleid van een grote hoeveelheid (correcte) taaldata (d. w. z., een corpus) (zie Figuur 3). Tot nu toe zijn deze benaderingen het meest toegepast en geëvalueerd op Engelse taaldata. Maar ze zijn niet per se eenvoudig over te zetten naar het Nederlands met zijn flexibelere woordvolgorde, combinaties van werkwoorden en scheidbare prefixen, samenstellingen, en kruisende afhankelijkheden. Zo is bijvoorbeeld de sequentie "hij verwond" frequenter in het Nederlands dan "hij verwondt" zoals een simpele Google zoekopdracht leert.

Taalcontrole kan niet alleen in taalverwerkingsprogramma's gebruikt worden, maar ook bij auteursondersteuning.

Het gebruik van taalcontrolesoftware is niet beperkt tot tekstverwerkers, maar kan ook toegepast worden in systemen voor auteursondersteuning, d. w. z. softwaresystemen die auteurs helpen handboeken en andere technische documentatie voor complexe informatica, gezondheidszorg, techniek en andere produkten te schrijven. Uit angst voor klachten van klanten over verkeerd gebruik en schadeclaims voortkomend uit slechte of slecht begrepen instructies, zijn bedrijven meer en meer begonnen zich te richten op de kwaliteit van technische documentatie, terwijl ze tegelijkertijd de internationale

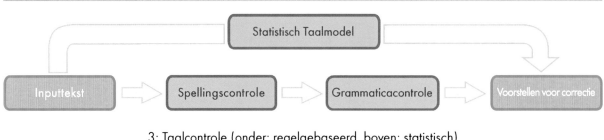

3: Taalcontrole (onder: regelgebaseerd, boven: statistisch)

markt bedienen. Vooruitgang in de verwerking van natuurlijke taal heeft geleid tot de ontwikkeling van software voor auteursondersteuning, die de schrijver van technische documentatie assisteert om vocabulaire en zinsstructuren te gebruiken die consistent zijn met bepaalde regels en (bedrijfs)specifieke terminologiebeperkingen.

Spellingscontrolesoftware voor het Nederlands geïncorporeerd in Microsoft producten zijn in het verleden ontwikkeld door Lernout & Hauspie, onafhankelijk later ook door Polderland, en deze software wordt momenteel onderhouden en verder ontwikkeld door Knowledge Concepts. Andere bedrijven actief op dit gebied zijn *TALŌ BV en Carp Technologies.

Naast spellingcontrole en auteursondersteuning is taalcontrole ook van belang op het gebied van computerondersteund taalonderwijs en wordt het toegepast om automatisch zoekopdrachten verstuurd naar zoekmachines op het web te corrigeren, bijvoorbeeld de 'Bedoelt u ...' suggesties van Google.

4.2.2 Zoeken op het Web

Zoeken op het web, in een intranet, of in digitale bibliotheken is vandaag waarschijnlijk de meest gebruikte maar toch nog onderontwikkelde taaltechnologie. De zoekmachine Google, die begon in 1998, wordt tegenwoordig wereldwijd voor ongeveer 80% van alle zoekopdrachten gebruikt [43]. Het werkwoord *googelen* is zelfs opgenomen in het Nederlandse Van Dale woordenboek. Noch de zoekinterface, noch de presentatie van

de verkregen resultaten is significant veranderd sinds de eerste versie. In de huidige versie biedt Google spellingscorrectie voor verkeerd gespelde woorden en het incorporeerde ook, in 2009, een basisversie van semantische zoekfunctionaliteit [44], die de accuraatheid van het zoeken kan verbeteren door de betekenis van de zoektermen in context te analyseren. Het succesverhaal van Google toont aan dat met de beschikbaarheid van een grote hoeveelheid data en efficiënte technieken voor het indexeren van deze data, een grotendeels statistisch gebaseerde benadering tot bevredigende resultaten kan leiden.

Voor een meer gesofisticeerde vraag naar informatie is echter de integratie van diepere taalkundige kennis essentieel. In de onderzoekslaboratoria hebben experimenten met **lexicale taalbronnen** zoals voor machines leesbare thesauri en ontologische taalbronnen zoals WordNet (of het equivalent EuroWordNet Nederlands), verbeteringen laten zien door het mogelijk te maken een pagina te vinden op basis van synoniemen van de zoektermen, bijv. *kernenergie* en *nucleaire energie*, of zelfs losser gerelateerde termen.

De volgende generatie zoekmachines zullen meer gesofisticeerde taaltechnologie moeten bevatten.

De volgende generatie zoekmachines zal meer gesofisticeerde taaltechnologie moeten bevatten, vooral om om te kunnen gaan met een vraag of een ander type zin

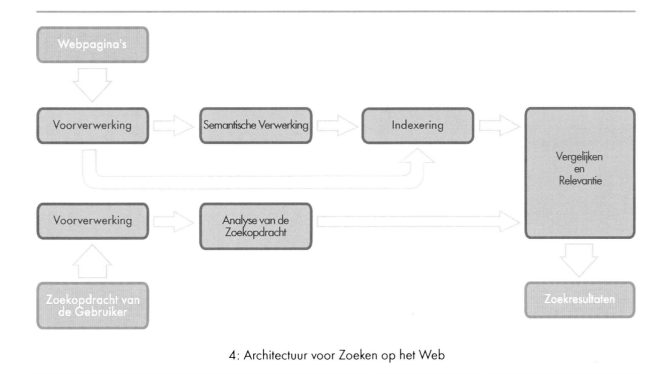

4: Architectuur voor Zoeken op het Web

dan simpelweg een lijstje trefwoorden. Voor een zoek-opdracht als *'Geef me een lijst van alle bedrijven die over-genomen zijn door andere bedrijven in de laatste vijf jaar'* vereist het ophalen van relevante antwoorden voor deze zoekopdracht zowel een syntactische als een **semanti-sche analyse** van deze zin (zie Figuur 4). Het systeem moet ook een index beschikbaar maken die het moge-lijk maakt snel de relevante documenten op te halen. Voor een bevredigend antwoord moet er syntactische ontleding (parsing) toegepast worden om de gramma-ticale structuur van de zin te analyseren en te bepalen dat de gebruiker zoekt naar bedrijven die overgenomen zijn en niet bedrijven die overgenomen hebben. Ook de uitdrukking *in de laatste vijf jaar* moet verwerkt worden om te bepalen naar welke jaren het precies verwijst, re-kening houdend met de datum waarop de zoekopdracht gedaan wordt. Tot slot moet de verwerkte zoekopdracht vergeleken worden met een gigantische hoeveelheid on-gestructureerde data om het stukje of de stukjes infor-matie te vinden waar de gebruiker naar zoekt. Dit wordt

gewoonlijk *information retrieval* genoemd en omvat het zoeken naar en rangschikken van relevante documenten. Bovendien moeten we om een lijst van bedrijven te ge-nereren ook de informatie extraheren dat een bepaalde karakterreeks in een document verwijst naar de naam van een bedrijf. Dat soort informatie wordt beschikbaar gemaakt door herkenning van benoemde entiteiten met behulp van zogenaamde named-entity recognisers.

Nog meer eisen stelt het vergelijken van een zoekop-dracht met documenten geschreven in een andere taal. Voor zulke *cross-lingual information retrieval* moet de zoekopdracht automatisch vertaald worden naar alle mogelijke brontalen en de opgehaalde informatie terug-vertaald worden naar de doeltaal van de gebruiker.

Het toenemend percentage data dat beschikbaar is in andere vormen dan tekst drijft de vraag naar diensten die information retrieval in multimedia mogelijk maken, d. w. z., het zoeken naar informatie in beeld-, audio-, en videodata. Voor audio- en videobestanden is daarvoor een spraakherkenningsmodule vereist om gesproken inhoud om te zetten in een tekstuele of fonetische representatie waar zoekopdrachten van de gebruiker mee vergeleken kunnen worden.

In Nederland zijn verschillende bedrijven actief op deze gebieden, waaronder AskNow Solutions, Carp Technologies, GridLine, Irion Technologies, Knowledge Concepts, MediaLab Solutions, RightNow! (voorheen Q-Go), TextKernel, en andere. In België zijn Natlanco, InterSystems (voorheen i.Know), ICMS, Aktor Technologies, Mentoring Systems en CrossMinder actief op deze gebieden.

De focus van de ontwikkeling ligt voor deze bedrijven in het leveren van bijkomende functionaliteit en geavanceerde zoekmachines voor portalen gericht op specifieke onderwerpen door gebruik te maken van onderwerpsrelevante semantiek. Vanwege de constante hoge vereisten aan verwerkingskracht zijn zulke zoekmachines alleen economisch rendabel op relatief kleine **tekstcorpora**. De benodigde verwerkingstijd gaat al snel die van een gewone statistische zoekmachine (bijv. Google) met een factor van een ordegrootte van enkele duizenden te boven. Deze zoekmachines stellen ook hoge eisen aan onderwerpspecifieke domeinmodellering, waardoor het niet mogelijk is ze te gebruiken op de schaal van het web met zijn miljarden documenten.

4.2.3 Spraakinteractie

Spraakinteractie is een van de vele toepassingsgebieden die afhankelijk zijn van spraaktechnologie, d. w. z. technologieën om gesproken taal te verwerken. Spraaktechnologie wordt gebruikt om interfaces te creëren die een gebruiker in staat stellen te werken met machines via gesproken taal in plaats van via een grafisch scherm, een toetsenbord, en een muis. Vandaag de dag worden deze stemgestuurde interfaces ('voice user interfaces', VUIs) gebruikt voor het gedeeltelijk of geheel automatiseren van diensten die aangeboden worden door bedrijven aan hun klanten, medewerkers, of partners via de telefoon

(zie Figuur 5). Bedrijfsdomeinen die een grootschalig beroep doen op VUIs zijn bankieren, logistiek, openbaar vervoer, en telecommunicatie. Spraaktechnologie wordt ook gebruikt als interface naar specifieke apparaten, bijv. navigatiesystemen in de auto, en als alternatief voor de input/output modaliteiten van grafische gebruikersinterfaces, bijv. in 'smart phones', d. w. z. intelligente mobiele telefoons.

Spraaktechnologie maakt mens-machine interfaces via gesproken taal mogelijk.

Spraakinteractie omvat vier technologieën:

1. Automatische **spraakherkenning** ('automatic speech recognition', ASR) bepaalt welke woorden feitelijk uitgesproken worden op basis van een sequentie van geluiden geuit door een gebruiker.

2. Syntactische analyse en semantische interpretatie houden zich bezig met de syntactische structuur van de uiting van de gebruiker en het interpreteren ervan in overeenstemming met het doel van het systeem.

3. Dialoogmanagement zorgt ervoor dat het systeem waar de gebruiker mee werkt kan bepalen welke actie ondernomen moet worden gegeven de input van de gebruiker en de functionaliteit van het systeem.

4. **Spraaksynthese** (ook wel tekst-naar-spraak 'Text-to-Speech', TTS): deze technologie wordt ingezet om de verwoording van een uiting om te zetten in spraakgeluid dat dient als uitvoer van het systeem en als invoer voor de gebruiker

Het is een van de grote uitdagingen om een ASR-systeem te maken dat de woorden die geuit worden door een gebruiker zo precies mogelijk herkent. Dit vereist òf een beperking op de reeks van mogelijke gebruikersuitingen tot een beperkte set van trefwoorden, òf het manueel aanmaken van taalmodellen die een grote reeks natuurlijke gebruikersuitingen afdekt. Met behulp

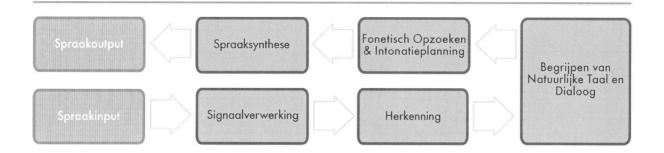

5: Spraakgebaseerde Dialoogarchitectuur

van 'machine learning'-technieken kunnen taalmodellen ook automatisch gegenereerd worden uit **spraakcorpora**, d. w. z. grote collecties spraakaudiobestanden met tekstuele transcripties. Het beperken van uitingen dwingt mensen tot een nogal rigide en inflexibel gebruik van een VUI en kan leiden tot slechte gebruikersacceptatie. Maar het creëren, afstemmen en onderhouden van taalmodellen kan de kosten behoorlijk opdrijven. VUIs die taalmodellen gebruiken en het de gebruiker toestaan zijn/haar bedoeling op flexibele manier uit te drukken – opgeroepen door bijvoorbeeld een 'Hoe kan ik u helpen' begroeting – vertonen een hogere automatiseringsgraad en worden beter geaccepteerd door gebruikers.

Voor het outputgedeelte van een VUI plegen bedrijven heel vaak van te voren opgenomen uitingen van professionele – idealiter met het bedrijf geassocieerde – sprekers te gebruiken. Voor statische uitingen waar de verwoording niet afhangt van de specifieke context of de persoonlijke gegevens van de gebruiker, zal dit resulteren in een rijke gebruikerservaring. Maar hoe meer een uiting dynamische inhoud in ogenschouw moet nemen, hoe meer de gebruikerservaring zal lijden onder een slechte prosodie die resulteert uit het achter elkaar zetten van kleine stukjes uit audiobestanden. Door optimalisaties worden de TTS-systemen van tegenwoordig steeds beter om natuurlijk klinkende dynamische uitingen te genereren.

In het laatste decennium is een sterke standaardisatie van de interfaces tussen de verschillende technologiecomponenten voor spraakinteractie opgetreden. Er is ook sprake geweest van een sterke marktconsolidatie in de laatste tien jaar, vooral op het gebied van ASR en TTS. Hier worden de nationale markten in de G20-landen – d. w. z. economisch sterke landen met een aanzienlijke bevolking – gedomineerd door minder dan vijf spelers wereldwijd, met Nuance (V.S.) en Loquendo (Italië) als meest prominente spelers in Europa. Nuance heeft een groot ontwikkelingscentrum in Vlaanderen. In 2011 kondigde Nuance de overname van Loquendo aan, een volgende stap in de marktconsolidatie.

Op de Nederlandse TTS-markt zijn er ook nog kleinere bedrijven zoals Acapela, gebaseerd in Wallonië, SVOX, met het hoofdkwartier in Zwitserland (ondertussen ook onderdeel van Nuance), en Fluency, gebaseerd in Amsterdam. Er zijn veel bedrijven die TTS en ASR technologie integreren in toepassingen en diensten. Hieronder vallen Advance Voice Technology, DB-Scape, Dialogs Unlimited, DutchEar, G2 Speech, Logica, OrcaVoice, Quentris, Telecats, TomTom en Voice Data Bridge. Verschillende bedrijven en stichtingen richten zich op toepassingen voor gebruikersgroepen met speciale eisen zoals fysiek gehandicapten, dyslectici, en ouderen. Daaronder vallen Axendo, Cochlear Benelux, Dedicon, JAB-BLA, Kamelego, Lexima, rdgKompagne, Sensotec NV en VoiceCore.

Met betrekking tot technologie en kennis voor dialoog-management zijn enkele relevante bedrijven Carp Technologies, Irion, RightNow! (voorheen Q-Go) en RE-Phrase voor tekstgebaseerde toepassingen, en Dialogs Unlimited, DutchEar, Telecats, en Voice Data Bridge voor spraakgebaseerde toepassingen. Op het gebied van de spraakinteractie bestaat er nog geen echte markt voor de taalkundige kerntechnologieën voor syntactische en semantische analyse.

Wat betreft het daadwerkelijk gebruik van VUIs is de vraag de laatste vijf jaar toegenomen. Deze tendens werd gedreven door de toenemende vraag van eindgebruikers naar 'zelfbediening' door de klant, door het feit dat er een behoorlijke kostenoptimalisatie verkregen kon worden met geautomatiseerde telefoondiensten, en verder door een significant toegenomen acceptatie van gesproken taal als een modaliteit voor mens-machine interactie.

Kijken we voorbij de huidige stand van de techniek, dan zien we significante veranderingen dankzij de verspreiding van 'smart phones' als een nieuw platform voor het onderhouden van klantenrelaties – naast de kanalen van telefoon, internet en e-mail. Deze tendens zal ook het gebruik van spraaktechnologie beïnvloeden. Enerzijds zal de vraag naar telefoongebaseerde VUIs op de lange termijn afnemen. Anderzijds zal het gebruik van ge-sproken taal als een gebruikersvriendelijke inputmoda-liteit voor 'smart phones' behoorlijk aan belang winnen. Deze tendens wordt ondersteund door de waarneem-bare verbetering van de accuraatheid van sprekeron-afhankelijke spraakherkenning voor spraakdicteerdien-sten die al aangeboden worden als gecentraliseerde dien-sten aan gebruikers van 'smart phones'. Met dit 'uitbeste-den' van de herkenningstaak naar de toepassingsinfra-structuur, zal, naar verondersteld wordt, het applicatie-specifieke gebruik van essentiële taalkundige technolo-gieën aan belang winnen in vergelijking met de huidige situatie.

4.2.4 Automatisch Vertalen

Het idee om digitale computers te gebruiken voor het vertalen van natuurlijke talen ontstond in 1946 en werd gevolgd door een substantiële financiering van onder-zoek op dit gebied in de jaren vijftig en opnieuw in de jaren tachtig van de vorige eeuw. Desondanks kan **automatisch vertalen** (Machine Translation, MT) nog steeds de hoge verwachtingen die het in de eerste jaren wekte niet inlossen.

Op het eenvoudigste niveau vervangt een systeem voor automatisch vertalen simpelweg woorden van de ene taal door woorden uit een andere taal.

In de eenvoudigste vorm vervangt MT simpelweg woor-den in de ene natuurlijke taal door corresponderende woorden in een andere natuurlijke taal. Dit kan nut-tig zijn in onderwerpsdomeinen met heel beperkte, for-muleachtige taal, bijv. in weerberichten. Maar voor een goede vertaling van minder gestandaardiseerde teksten moeten grotere teksteenheden (woordgroepen, zinnen, of zelfs hele passages) vergeleken worden met hun dichtstbijzijnde tegenhangers in de doeltaal. Het grote probleem hierbij is dat natuurlijke taal ambigu is, wat uitdagingen stelt op meerdere niveaus, bijv. desambi-guering van woordbetekenissen op het lexicale niveau (bijv. *graven* kan staan voor 'mensen met een specifieke adellijke titel', 'laatste rustplaatsen' of 'grond wegschep-pen'), of de interpretatie van betrekkelijke voornaam-woorden (als onderwerp of als lijdend voorwerp) op het syntactische niveau, zoals in:

De man die de vrouw zag

Eén manier om een MT-systeem te bouwen is gebaseerd op taalkundige regels. Voor vertaling tussen nauw ver-wante talen is een directe vertaling misschien mogelijk voor simpele gevallen. Maar vaak is het nodig dat een re-gelgebaseerd (of kennisgedreven) systeem de ingevoerde

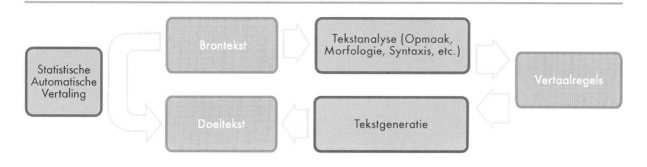

6: Automatisch Vertalen (links: statistisch, rechts: regelgebaseerd)

tekst analyseert en een intermediaire symbolische representatie maakt van waaruit de tekst in de doeltaal gegenereerd wordt. Het succes van deze methodes is sterk afhankelijk van de beschikbaarheid van uitgebreide lexicons met morfologische, syntactische, en semantische informatie, en grote verzamelingen van grammaticaregels die zorgvuldig ontworpen zijn door een vaardig taalkundige. Dit is een tijdsintensief en daarom kostbaar proces.

Vanaf de late jaren tachtig van de vorige eeuw kwam er, aangezien de computationele kracht toenam en minder duur werd, meer belangstelling voor statistische modellen voor MT. De parameters van deze statistische modellen worden afgeleid uit de analyse van tweetalige **parallelle tekstcorpora**, zoals het *Europarl* parallelle corpus, dat de notulen van het Europees Parlement bevat in 21 Europese talen. Als er genoeg data zijn werkt statistische MT goed genoeg om een benadering van de betekenis van een tekst in een vreemde taal te verkrijgen. Maar, in tegenstelling tot kennisgedreven systemen, produceert statistische (of datagedreven) MT vaak ongrammaticale output. Anderzijds kan datagedreven MT, naast het voordeel dat minder menselijke inspanning vereist is voor het schrijven van de **grammatica**, ook eigenaardigheden van taal die vaak genegeerd worden in kennisgedreven systemen afdekken, zoals idiomatische uitdrukkingen.

Aangezien de sterktes en zwaktes van de kennis- en datagedreven MT (Zie Figuur 6) complementair zijn, richten onderzoekers zich tegenwoordig unaniem op hybride benaderingen waarin methodologieën van beide gecombineerd worden. Dit kan op verschillende manieren gedaan worden. Eén mogelijkheid is om zowel kennisgedreven als datagedreven systemen te gebruiken en een selectiemodule de beste output te laten kiezen voor iedere zin. Voor langere zinnen zal echter geen enkel resultaat perfect zijn. Een betere oplossing is het om de beste delen van zinnen van meervoudige output te combineren, maar dat kan behoorlijk complex zijn omdat niet altijd evident is welke delen van meervoudige alternatieven corresponderen en gealigneerd moeten worden.

Voor het Nederlands is automatisch vertalen bijzonder uitdagend.

Voor het Nederlands is MT bijzonder uitdagend. De mogelijkheid om willekeurig nieuwe woorden te creëren door samenstelling maakt woordenboekanalyse en woordenboekafdekking moeilijk; relatief vrije woordvolgorde, gespleten werkwoordconstructies en R-pronomina zijn eveneens problematisch voor analyse. Leidende commerciële MT-systemen uit het verleden zoals Systran, Globalink, LOGOS, METAL (en zijn

	Doeltaal – Target language																					
	EN	BG	DE	CS	DA	EL	ES	ET	FI	FR	HU	IT	LT	LV	MT	NL	PL	PT	RO	SK	SL	SV
EN	–	40.5	46.8	52.6	50.0	41.0	55.2	34.8	38.6	50.1	37.2	50.4	39.6	43.4	39.8	52.3	49.2	55.0	49.0	44.7	50.7	52.0
BG	61.3	–	38.7	39.4	39.6	34.5	46.9	25.5	26.7	42.4	22.0	43.5	29.3	29.1	25.9	44.9	35.1	45.9	36.8	34.1	34.1	39.9
DE	53.6	26.3	–	35.4	43.1	32.8	47.1	26.7	29.5	39.4	27.6	42.7	27.6	30.3	19.8	50.2	30.2	44.1	30.7	29.4	31.4	41.2
CS	58.4	32.0	42.6	–	43.6	34.6	48.9	30.7	30.5	41.6	27.4	44.3	34.5	35.8	26.3	46.5	39.2	45.7	36.5	43.6	41.3	42.9
DA	57.6	28.7	44.1	35.7	–	34.3	47.5	27.8	31.6	41.3	24.2	43.8	29.7	32.9	21.1	48.5	34.3	45.4	33.9	33.0	36.2	47.2
EL	59.5	32.4	43.1	37.7	44.5	–	54.0	26.5	29.0	48.3	23.7	49.6	29.0	32.6	23.8	48.9	34.2	52.5	37.2	33.1	36.3	43.3
ES	60.0	31.1	42.7	37.5	44.4	39.4	–	25.4	28.5	51.3	24.0	51.7	26.8	30.5	24.6	48.8	33.9	57.3	38.1	31.7	33.9	43.7
ET	52.0	24.6	37.3	35.2	37.8	28.2	40.4	–	37.7	33.4	30.9	37.0	35.0	36.9	20.5	41.3	32.0	37.8	28.0	30.6	32.9	37.3
FI	49.3	23.2	36.0	32.0	37.9	27.2	39.7	34.9	–	29.5	27.2	36.6	30.5	32.5	19.4	40.6	28.8	37.5	26.5	27.3	28.2	37.6
FR	64.0	34.5	45.1	39.5	47.4	42.8	60.9	26.7	30.0	–	25.5	56.1	28.3	31.9	25.3	51.6	35.7	61.0	43.8	33.1	35.6	45.8
HU	48.0	24.7	34.3	30.0	33.0	25.5	34.1	29.6	29.4	30.7	–	33.5	29.6	31.9	18.1	36.1	29.8	34.2	25.7	25.6	28.2	30.5
IT	61.0	32.1	44.3	38.9	45.8	40.6	26.9	25.0	29.7	52.7	24.2	–	29.4	32.6	24.6	50.5	35.2	56.5	39.3	32.5	34.7	44.3
LT	51.8	27.6	33.9	37.0	36.8	26.5	21.1	34.2	32.0	34.4	28.5	36.8	–	40.1	22.2	38.1	31.6	31.6	29.3	31.8	35.3	35.3
LV	54.0	29.1	35.0	37.8	38.5	29.7	8.0	34.2	32.4	35.6	29.3	38.9	38.4	–	23.3	41.5	34.4	39.6	31.0	33.3	37.1	38.0
MT	72.1	32.2	37.2	37.9	38.9	33.7	48.7	26.9	25.8	42.4	22.4	43.7	30.2	33.2	–	44.0	37.1	45.9	38.9	35.8	40.0	41.6
NL	56.9	29.3	46.9	37.0	45.4	35.3	49.7	27.5	29.8	43.4	25.3	44.5	28.6	31.7	22.0	–	32.0	47.7	33.0	30.1	34.6	43.6
PL	60.8	31.5	40.2	44.2	42.1	34.2	46.2	29.2	29.0	40.0	24.5	43.2	33.2	35.6	27.9	44.8	–	44.1	38.2	38.2	39.8	42.1
PT	60.7	31.4	42.9	38.4	42.8	40.2	60.7	26.4	29.2	53.2	23.8	52.8	28.0	31.5	24.8	49.3	34.5	–	39.4	32.1	34.4	43.9
RO	60.8	33.1	38.5	37.8	40.3	35.6	50.4	24.6	26.2	46.5	25.0	44.8	28.4	29.9	28.7	43.0	35.8	48.5	–	31.5	35.1	39.4
SK	60.8	32.6	39.4	48.1	41.0	33.3	46.2	29.8	28.4	39.4	27.4	41.8	33.8	36.7	28.5	44.4	39.0	43.3	35.3	–	42.6	41.8
SL	61.0	33.1	37.9	43.5	42.6	34.0	47.0	31.1	28.8	38.2	25.7	42.3	34.6	37.3	30.0	45.9	38.2	44.1	35.8	38.9	–	42.7
SV	58.5	26.9	41.0	35.6	46.6	33.3	46.6	27.4	30.9	38.9	22.7	42.0	28.2	31.0	23.7	45.6	32.2	44.2	32.7	31.3	33.5	–

7: Automatische vertaling tussen 22 EU-talen – Machine translation between 22 EU-languages [45]

spin-offs, LANT (tegenwoordig Xplanation), GMS and Lucy Software), en LMT ontwikkeld door IBM (dat de basis vormt voor Linguatec en Lingenio), dekten nooit het Nederlands af, waarschijnlijk om dat het niet interessant was vanuit commercieel oogpunt. Er werden alleen wat onderzoekssystemen ontwikkeld voor het Nederlands, gedeeltelijk in bedrijven (Philips: Rosetta, BSO: Distributed Translation) en gedeeltelijk in de academische wereld (Universiteit Utrecht & KU Leuven: Eurotra).

Vertaalsystemen voor het Nederlands werden alleen ontwikkeld wanneer dit gefinancierd werd met publiek geld. Zo ontwikkelde METAL een Nederlands-Frans MT-systeem voor de ministeries van landbouw en binnenlandse zaken, en na een oproep door de Nederlandse Taalunie in 1999 voor de ontwikkeling van een MT-systeem dat vertaalt tussen Nederlands aan de ene kant en Frans en Engels aan de andere kant [46], ontwikkelde

Systran dergelijke systemen in de context van het NL-Translex project.

Alle bovengenoemde systemen waren kennisgebaseerd. Met de opkomst van statistische MT is het Nederlands een vrij algemeen afgedekt taal geworden. Het behoort bij de 52 talen die Google Translate aanbiedt en bij de 24 talen die SDL Language Weaver aanbiedt.

Indien een MT-systeem goed aangepast is naar gebruikersspecifieke terminologie en goed geïntegreerd is in bedrijfsprocessen, kan het gebruik van MT de productiviteit flink opdrijven. De meeste MT-bedrijven benadrukken dat zij hun standaardsystemen snel kunnen aanpassen naar bedrijfsspecifieke woordenboeken, terminologie en vertaalgeheugens en daarmee de kwaliteit van MT significant kunnen verbeteren.

De kwaliteit van MT-systemen kan nog flink verbeteren. Uitdagingen hierbij omvatten de aanpasbaarheid van de taalbronnen aan een gegeven onderwerps- of gebruikersgebied en integratie in bestaande bedrijfsprocessen met termbanken en vertaalgeheugens. Bovendien zijn de meeste huidige systemen op het Engels georiënteerd en ondersteunen zij slechts enkele talen met directe vertaling van of naar het Nederlands, wat leidt tot spanningen in het hele vertaalproces, en bijvoorbeeld gebruikers van MT dwingt voor ieder nieuw systeem een ander tool te leren voor het coderen van lexicons.

Evaluatiecampagnes dragen ertoe bij de kwaliteit van automatische vertaalsystemen, de verschillende benaderingen, en de status van de systemen voor de verschillende taalparen te vergelijken. Tabel 7, die opgesteld is tijdens het Europese Euromatrix+ project, laat de paarsgewijze performantie voor 22 van de 23 officiële EU-talen zien (Het Iers werd niet vergeleken). De resultaten zijn gerangschikt naar een BLEU score, waarin hogere scores corresponderen met betere vertalingen [47]. Een menselijke vertaler zou een score halen van rond de 80 punten.

De beste resultaten (in groen en blauw) werden bereikt voor talen die profiteren van een aanzienlijke onderzoeksinspanning in gecoördineerde programma's en van het bestaan van vele parallelle corpora (bijv. Engels, Frans, Nederlands, Spaans en Duits). De talen met minder goede resultaten staan weergegeven in rood. Deze talen ontberen zulke ontwikkelingsinspanningen of verschillen structureel heel erg van andere talen (bijv. Hongaars, Maltees en Fins).

4.3 TAALTECHNOLOGIE ACHTER DE SCHERMEN

Het bouwen van taaltechnologische toepassingen omvat een reeks van subtaken die niet altijd aan de oppervlakte komen op het niveau van de interactie met de gebruiker, maar die significante functionaliteit bieden 'onder de motorkap' van het systeem. Daarom vormen zij belangrijke onderzoeksthema's, die in de academische wereld individuele subdisciplines binnen de computationele taalkunde zijn geworden. Vraagbeantwoording (Question Answering, QA) is een actief onderzoeksterrein geworden, waar geannoteerde corpora voor zijn gebouwd en wetenschappelijke competities voor zijn opgestart. Het idee hierbij is om trefwoordgebaseerde zoekopdrachten (met als respons van het systeem een hele collectie van potentieel relevante documenten) te vervangen door een scenario waarin de gebruiker een concrete vraag stelt en het systeem met een enkel antwoord terugkomt:

> *Vraag: Hoe oud was Neil Armstrong toen hij op de maan liep?*
> *Antwoord: 38.*

Hoewel dit overduidelijk verwant is aan het eerder genoemde kerngebied van het zoeken op het web, is QA tegenwoordig vooral een overkoepelende term voor onderzoeksvragen zoals wat voor typen vragen onderscheiden moeten worden en hoe ze behandeld moeten worden, hoe een verzameling van documenten die mogelijk het antwoord bevatten geanalyseerd en vergeleken moeten worden (geven ze tegenstrijdige antwoorden?), en hoe specifieke informatie – het antwoord – op betrouwbare manier onttrokken kan worden aan een document, zonder daarbij de context te negeren, wat onterecht zou zijn.

Taaltechnologische toepassingen bieden vaak significante functionaliteit achter de schermen.

Dit is op zijn beurt weer verwant aan de taak van informatie-extractie (IE), een gebied dat bijzonder populair en invloedrijk was ten tijde van de 'statistische omslag' in de computationele taalkunde, in de vroege jaren negentig van de vorige eeuw. IE beoogt specifieke stukken informatie te identificeren in specifieke klasses van documenten; bijvoorbeeld het detecteren van de belangrijkste spelers bij bedrijfsovernames zoals gerapporteerd in krantenberichten. Een ander scenario waarop gewerkt is wordt gevormd door rapporten over terroristische voorvallen, waarbij het probleem is om een tekst af te beelden op een templaat dat de dader, het doelwit, de tijd en de plaats van het voorval, en het resultaat van het voorval beschrijft. Het vullen van domeinspecifieke templaten is een centrale karakteristiek van IE, dat om deze reden een ander voorbeeld is van een technologie 'achter de schermen' die een goed afgebakend onderzoeksgebied vormt maar voor praktische doeleinden ingebed moet worden in een gepaste toepassingsomgeving.

Twee 'grensgevallen', die soms de rol spelen van zelfstandige toepassing en soms die van een ondersteunende component 'onder de motorkap', zijn tekstsamenvatting en **tekstgeneratie**. Samenvatting verwijst vanzelfsprekend naar de taak om een lange tekst kort te maken, wordt gebruikt in vrijwel iedere zoekmachine om een fragment van een gevonden document te leveren, en wordt bijvoorbeeld ook als functionaliteit aangeboden in MS Word. Het werkt grotendeels op statistische basis, door eerst 'belangrijke' woorden in een tekst te identificeren (d. w. z., bijvoorbeeld woorden die een hoge frequentie hebben in deze tekst maar beduidend minder frequent zijn in algemeen taalgebruik) en vervolgens die zinnen te identificeren die veel 'belangrijke' woorden bevatten. Die zinnen worden dan aangeduid in het document of eruit geëxtraheerd, en vormen zo de samenvatting.

Onder dit scenario, dat verreweg het populairst is, is samenvatting identiek aan zinsextractie: de tekst wordt gereduceerd tot een deelverzameling van de zinnen van de tekst. Alle commerciële samenvatters maken gebruik van dit idee. Een alternatieve benadering, waar wat onderzoek aan gewijd wordt, is om daadwerkelijk nieuwe zinnen te synthetiseren, d. w. z. om een samenvatting

van zinnen te construeren die niet in die vorm in de brontekst voorkomen.

Voor het Nederlands is de situatie in al deze onderzoeksgebieden veel minder ontwikkeld dan voor het Engels, waar vraagbeantwoording, informatie-extractie en samenvatting sinds de negentiger jaren van de vorige eeuw het onderwerp zijn geweest van talloze open competities, vooral georganiseerd door DARPA/NIST in de Verenigde Staten.

> Voor het Nederlands is de situatie in vele onderzoeksgebieden veel minder ontwikkeld dan voor het Engels.

Deze competities hebben het technisch niveau flink verbeterd, maar de focus heeft altijd gelegen op het Engels; enkele competities hebben meertalige sporen toegevoegd, maar het Nederlands was nooit prominent, hoewel enkele uitdagingen georganiseerd werden vanuit Vlaanderen [48]. Daartegenover staat dat onderzoek aan vraagbeantwoording werd bevorderd door het IMIX-programma dat zich richtte op Interactieve Multimodale Informatie-eXtractie toegepast op Nederlandse bronnen [49]. In dit programma zijn een vraag-antwoordsysteem met spraakinput en -output en met ondersteuning voor vervolgvragen ontwikkeld voor het algemene domein en één voor het medische domein. Eveneens zijn er systemen ontwikkeld om tekstuele output te genereren in combinatie met andere modaliteiten, en systemen voor dialoogmanagement om alle modules met elkaar te verbinden. Het bedrijf RightNow! (voorheen Q-GO) uit Nederland is zeer succesvol geweest op het gebied van tekstuele vraag-antwoordsystemen die werken via chats of e-mail. De universiteit van Eindhoven (IPO) heeft gewerkt op een taal- en spraakgeneratiesysteem, dat later verworven is door Polderland (en nu waarschijnlijk eigendom is van Knowledge Concepts), maar het lijkt nauwelijks gebruikt te zijn buiten het oorspronkelijke doel [50]. De universiteit van Tilburg heeft gewerkt aan het samenvatten van meerdere documenten (daarbij verschillende boodschappen over hetzelfde onderwerp integrerend) in het STEVIN DAESO project [51]. Desondanks zijn er nauwelijks geannoteerde corpora of andere taalbronnen voor deze taken.

4.4 ONDERZOEK EN ONDERWIJS IN TAALTECHNOLOGIE

In de academische wereld zijn er excellente centra op het gebied van de taaltechnologie, bijv. de KU Leuven, de Universiteit van Gent, de Radboud Universiteit Nijmegen en de Universiteit van Twente voor spraaktechnologie, de universiteiten van Tilburg en Antwerpen voor 'machine learning' technieken, de Universiteit van Utrecht en de KU Leuven voor teksttechnologie en automatisch vertalen, Groningen en Amsterdam voor automatisch ontleden, Amsterdam voor 'sentiment mining', etc. Het is echter zeer moeilijk om studenten aan te trekken naar het veld van de taaltechnologie. Mogelijke oorzaken hiervoor kunnen zijn: de relatief slechte zichtbaarheid van taaltechnologie in de universitaire curricula, en het feit dat de meest taaltechnologische onderzoeksgroepen in de geesteswetenschappen zitten (studenten daar zijn niet geneigd een technische blik op taal te ontwikkelen, wat vereist is voor taaltechnologie).

De academische spelers in Nederland en Vlaanderen richten zich niet noodzakelijkerwijs op het Nederlands: bij het onderzoek ligt de focus typisch op het Engels om zinnige vergelijkingen te kunnen maken met resultaten van buitenlandse onderzoekers. Desondanks zijn verschillende onderzoekers actief op het gebied van het computerondersteunde taalonderwijs, waar taal- en spraaktechnologie ingezet worden om de taalvaardigheden van eerste- en tweedetaalleerders te verbeteren. Re-

levante organisaties zijn o. a. de RU Nijmegen, de Universiteit van Antwerpen Linguapolis and KULAK.

4.5 TAALTECHNOLOGISCHE INDUSTRIE EN PROGRAMMA'S

4.5.1 Taaltechnologische industrie

Het taaltechnologische veld in Nederland en Vlaanderen bestaat uit vele organisaties, zowel in de industrie (ca. 65) als kenniscentra (44) [52]. De sector is redelijk goed georganiseerd, met een actieve beroepsorganisatie NOTaS [53] in Nederland, die bestaat uit 15 industriële en academische partners, de Vlaamse onderzoeksgemeenschap die samenwerkt in CLIF [54], en intense samenwerking in het laatste decennium tussen spelers uit Nederland en Vlaanderen, en uit industrie en kennisinstellingen in de gezamenlijke Nederlands-Vlaamse taaltechnologieprogramma's CGN (Corpus Gesproken Nederlands) [55] en vooral STEVIN [12]. De midden- en kleinbedrijven in Vlaanderen treden individueel op en hebben zich nog niet in een sector georganiseerd, wat ze relatief slecht zichtbaar maakt.

De meeste industriële spelers zijn zeer kleine MKB's en moeten iedere dag strijden om te overleven, of het zijn kleine afdelingen in een bedrijf dat een andere focus heeft voor zijn kernactiviteiten. Desondanks zijn enkele MKB's erg succesvol en in staat gebleken een stabiele zaakvoering op te bouwen. De meeste MKB's op het gebied van de spraaktechnologie zijn systeemintegratoren, toepassingsontwikkelaars of dienstverleners. De feitelijke ontwikkeling van technologie is, in ieder geval in de spraaktechnologie, geconcentreerd in een zeer klein aantal spelers (bijv. Nuance).

Eén probleem voor de marketing van taaltechnologie is dat taaltechnologie niet duidelijk zichtbaar is omdat het verstopt zit als een geïntegreerd deel van een meeromvattend product of dienst, zelfs al is het een component van producten en diensten die door veel mensen gebruikt worden (bijv. zoeken op het internet, sms'en op mobiele telefoons, etc.).

Hoewel er veel spelers zijn in Nederland en Vlaanderen, betekent dat niet dat hun focus ook op de Nederlandse taal ligt. Het Nederlands is commercieel minder interessant voor bedrijven dan andere talen, en de vereiste investeringen kunnen vaak niet gerechtvaardigd worden door de kleine markt voor de Nederlandse taal.

4.5.2 Taaltechnologieprogramma's

Activiteiten voor de Nederlandse taal moeten expliciet bevorderd en ondersteund worden. Gelukkig is dat in de laatste 15 jaar in verschillende programma's gebeurd. Zo is in de late jaren negentig van de vorige eeuw in het OVIS-programma een Nederlandstalig gesproken treininformatiesysteem ontwikkeld als drager voor onderzoek naar spraakherkenning en -generatie, naar taalontleding en -generatie, en naar dialoogmanagement. Het NL-Translex project werd hierboven al genoemd. In Vlaanderen was er in het midden van de jaren negentig van de vorige eeuw een kortetermijnprogramma over taaltechnologie. In het boven al genoemde IMIX-programma werd onderzoek uitgevoerd met systemen voor het Nederlands. In het IOP MMI (InnovatieOnderzoeksProgramma Mens-Machine Interactie) en in CATCH [56] zijn taal- en spraaktechnologie gebruikt als middelen voor mens-machine interactie en het ontsluiten van cultureel erfgoed. Het meest prominent met hun focus op het Nederlands waren de gezamenlijke Nederlands-Vlaamse CGN en STEVIN programma's. Die hebben behoorlijke vooruitgang gebracht in de beschikbaarheid van basistaalbronnen (data en software) voor het Nederlands, wat initieel onderzoek en verschillende eindgebruikerstoepassingen. Hoewel enkele van de in deze projecten behaalde resultaten gebruikt kunnen worden in de industrie en in de academische wereld (bijv. in de CLARIN onderzoeksinfrastructuur [57]) zijn de vooruitzichten voor het optimaal benut-

ten van deze resultaten in feitelijk onderzoek en in de industrie eigenlijk vrij somber, aangezien het niet in het aandachtsgebied van de Nederlandse regering ligt, en aangezien het onderzoek gereorganiseerd is waardoor het moeilijker is geworden om financiering te verkrijgen voor disciplinespecifieke programma's. De situatie is daarentegen in Vlaanderen waarschijnlijk een beetje positiever. Verder zijn een aantal basisvoorwaarden om het potentieel uit te buiten op orde, zoals de zichtbaarheid en toegankelijkheid van de in eerdere programma's geproduceerde taalbronnen via de TST-Centrale.

De genoemde programma's hebben ook significant bijgedragen aan het bij elkaar brengen van de taaltechnologische en de spraaktechnologische gemeenschappen, die tot voor kort heterogene gemeenschappen waren en nogal gescheiden van elkaar opereerden. Deze disciplines zijn verspreid over informatica of ingenieurswetenschappen (spraaktechnologie in Vlaanderen en in Twente; wat taaltechnologie) en de geesteswetenschappelijke faculteiten (vooral maar niet uitsluitend taaltechnologie) en men ontmoet elkaar over het algemeen op verschillende gescheiden conferenties. De enige uitzondering hierop is waarschijnlijk de LREC conferentie [58], die echter een specifieke focus heeft op taalbronnen en evaluatie.

Er wordt algemeen aangenomen dat de rol van taaltechnologie enorm versterkt gaat worden door de toenemende groei van inhoud die op willekeurig welke plaats beschikbaar is via een toenemende hoeveelheid kleine mobiele apparaten met grote computationele kracht ('smart phones', iPad, etc.) en continue toegang tot het internet. Zulke apparaten hebben een relatief klein scherm, en geen of primitieve toetsenborden, wat het gebruik van spraak steeds natuurlijker en noodzakelijker maakt, en de hoeveelheid informatie die zij moeten doorzoeken, samenvatten, vertalen of op andere wijze verwerken vereist een enorme sprong in de taaltechnologie.

Het is daarom van groot belang dat de met de CGN en STEVIN programma's ingezette activiteiten een vervolg krijgen, zodat de wetenschappelijke en commerciële mogelijkheden die nu in het verschiet liggen optimaal benut worden en het Nederlands en zijn moedertaalsprekers ook op Europees niveau een blijvende rol kunnen spelen in de moderne informatie- en communicatiemaatschappij.

Zoals zojuist beschreven hebben eerdere programma's geleid tot de ontwikkeling van een aantal taaltechnologische hulpmiddelen en taalbronnen voor het Nederlands. De volgende sectie vat de huidige stand van zaken voor taaltechnologische ondersteuning voor het Nederlands samen.

4.6 DE BESCHIKBAARHEID VAN GEREEDSCHAPPEN EN DATA

De huidige toestand van ondersteuning voor taaltechnologie voor het Nederlands wordt samengevat in Figuur 8. De scores voor bestaande technologieën en data zijn gegenereerd door leidende experts in het vakgebied die schattingen gemaakt hebben van 0 (zeer laag) tot 6 (zeer hoog) voor zeven criteria.

De belangrijkste resultaten voor het Nederlands kunnen als volgt opgesomd worden:

- Het verwerken van spraak lijkt momenteel meer matuur te zijn dan het verwerken van geschreven taal (hoewel de moeilijkere toepassingen nog steeds serieuze uitdagingen stellen voor spraaktechnologie).

- Geavanceerde technologie voor informatietoegang staat nog in de kinderschoenen (informatie-extractie, vraagbeantwoording, geavanceerde discourseverwerking, samenvatting, etc.).

- Hoe meer een tool gebruik maakt van taalkundige en semantische kennis, hoe meer lacunes er bestaan (zie bijv. informatieretrieval vs. tekstsemantiek); meer

inspanning is nodig om diepe taalkundige verwerking te ondersteunen.

- Onderzoek is succesvol geweest in het ontwerpen van specifieke software van hoge kwaliteit, maar aan veel van de taalbronnen ontbreken nog standaardisatie en vooral interoperabiliteit; gecoördineerde programma's en initiatieven zijn nodig om data en gereedschappen waarlijk interoperabel te maken.

- Voor het Nederlands zijn veel taalbronnen die in de recente taaltechnologieprogramma's gecreëerd zijn open source, of zij zijn opgeslagen en worden onderhouden en gedistribueerd via de TST-Centrale en zijn eenvoudig en goedkoop toegankelijk (vergelijk de hoge scores voor Beschikbaarheid voor tekstanalyse, tekstinterpretatie, tekst- en spraakcorpora)

- Geannoteerde corpora met semantische structuren zijn beschikbaar maar minimaal van omvang en annotatiediepte. Geannoteerde corpora met discourse-structuren ontbreken bijna geheel.

- Parallelle corpora voor automatisch vertalen zijn beschikbaar maar in hoeveelheden die te klein zijn voor behoorlijke ontwikkeling van MT-systemen. MT, en vooral statistische MT, heeft behoefte aan enorme hoeveelheden (parallelle) data om een redelijke performantie te bereiken.

- Multimediadata ontbreken bijna in het geheel.

Hieruit is duidelijk dat meer inspanning gericht moet worden op het creëren van taalbronnen voor het Nederlands en op onderzoek, innovatie en ontwikkeling. De nood aan grote hoeveelheden data en de hoge complexiteit van taaltechnologische systemen maken het ook onvermijdelijk nieuwe infrastructuren voor uitwisseling en samenwerking te ontwikkelen.

	Kwantiteit	Beschikbaarheid	Kwaliteit	Overdekking	Maturiteit	Duurzaamheid	Aanpasbaarheid
Taaltechnologie: Hulpmiddelen, Technologieën en Toepassingen							
Spraakherkenning	2,4	4,8	4,8	3,6	4,8	4,8	2,4
Spraaksynthese	2,4	2,4	4,8	4,8	4,8	3,6	1,2
Grammaticale analyse	3,6	5,4	4,8	3,6	4,8	3,6	1,8
Semantische analyse	0,8	4	3	3	2,4	1,6	1,6
Tekstgeneratie	1,2	2,4	3,6	3	2,4	2,4	2,4
Automatisch vertalen	6	6	2,4	4,8	3,6	1,2	2,4
Taalbronnen: Data en Kennisbanken							
Tekstcorpora	2,4	6	4,8	2,4	4,2	4,8	2,4
Spraakcorpora	2,4	4,8	6	4,8	4,8	4,8	1,2
Parallelle corpora	1,2	6	3,6	2,4	4,8	2,4	1,2
Lexicale taalbronnen	3	4,8	4,2	3,7	4,2	4,8	1,2
Grammatica's	1,2	4,8	3,6	2,5	4,8	2,4	1,2

8: Status van de taaltechnologische ondersteuning voor het Nederlands

4.7 VERGELIJKING TUSSEN DE TALEN

De huidige toestand van taaltechnologische ondersteuning varieert behoorlijk van de ene taalgemeenschap tot de andere. Om de situatie tussen de talen te vergelijken presenteert deze sectie een evaluatie gebaseerd op twee voorbeeldtoepassingen (automatisch vertalen en spraakverwerking), één onderliggende technologie (tekstanalyse), en basistaalbronnen die nodig zijn om taaltechnologische toepassingen te bouwen.

De talen werden verdeeld over clusters op basis van de volgende vijfpuntsschaal:

- Uitstekende ondersteuning
- Goede ondersteuning
- Gematigde ondersteuning
- Fragmentarische ondersteuning
- Zwakke of geen ondersteuning

Taaltechnologische ondersteuning werd gemeten volgens de volgende citeria:

Spraakverwerking: Kwaliteit van bestaande spraakherkenningstechnologieën, kwaliteit van bestaande spraaksynthesetechnologieën, overdekking van domeinen, aantal en omvang van bestaande spraakcorpora, hoeveelheid en gevarieerdheid van beschikbare spraakgebaseerde toepassingen.

Automatisch Vertalen: Kwaliteit van bestaande technologieën voor automatisch vertalen, aantal afgedekte taalparen, afdekking van taalkundige verschijnselen en domeinen, kwaliteit en omvang van bestaande parallelle corpora, hoeveelheid en gevarieerdheid van beschikbare toepassingen die automatisch vertalen bevatten.

Tekstanalyse: Kwaliteit en overdekking van bestaande tekstanalysetechnologieën (morfologie, syntaxis, semantiek), afdekking van taalkundige verschijnselen en domeinen, hoeveelheid en gevarieerdheid van beschikbare toepassingen, kwaliteit en omvang van bestaande (geannoteerde) tekstcorpora, kwaliteit en overdekking van bestaande lexicale taalbronnen (bijv. WordNet) en grammatica's .

Taalbronnen: Kwaliteit en omvang van bestaande tekstcorpora, spraakcorpora en parallelle corpora, kwaliteit en overdekking van bestaande lexicale taalbronnen en grammatica's.

De tabellen 9 tot 12 laten zien dat, dankzij de financiering voor taaltechnologie in de laatste 10 jaar, het Nederlands beter uitgerust is dan de meeste andere talen. Het Nederlands gaat over het algemeen gelijk op met 'grote' talen als Duits en Frans. Maar de taaltechnologische data en gereedschappen voor het Nederlands halen nog niet de kwaliteit en overdekking voor het Engels, dat op bijna alle taaltechnologische gebieden aan de leiding gaat. En er zijn ook nog genoeg ontbrekende elementen voor het Engels met betrekking tot toepassingen van hoge kwaliteit.

Voor spraakverwerking is de kwaliteit van de huidige technologieën goed genoeg om succesvol geïntegreerd te worden in een aantal industriële toepassingen zoals gesproken dialoog en dicteersystemen. Hedendaagse componenten en taalbronnen voor tekstanalyse dekken een groot aantal taalkundige verschijnselen van het Nederlands af en zijn bestanddelen van vele toepassingen die meestal oppervlakkige natuurlijketaalverwerking betreffen, bijv. spellingscorrectie en auteursondersteuning.

Maar om meer gesofisticeerde toepassingen te bouwen, zoals automatisch vertalen, is er duidelijk nood aan data en technologieën die een grotere reeks van taalkundige aspecten overdekken en die een diepe semantische analyse van de invoertekst toelaten. Door de kwaliteit en de overdekking van deze basisdata en basistechnologieën te verbeteren, zullen we in staat zijn nieuwe mogelijkheden te openen om een grote reeks van geavanceerde toepassingsgebieden aan te pakken, waaronder automatische vertaling van hoge kwaliteit.

4.8 CONCLUSIES

In deze serie witboeken hebben we een belangrijke eerste inspanning gedaan om taaltechnologische ondersteuning te beoordelen voor 30 Europese talen, en we verschaffen een vergelijking op hoog niveau tussen deze talen. Door de ontbrekende elementen, de noden en de tekortkomingen te identificeren, zijn de Europese taaltechnologische gemeenschap en de gerelateerde belanghebbenden in een positie om een grootschalig onderzoeks- en ontwikkelingsprogramma te ontwerpen dat erop gericht is een door technologie versterkt waarlijk meertalig Europa te bouwen.

We hebben gezien dat er grote verschillen zijn tussen de talen van Europa. Hoewel er software en data van goede kwaliteit zijn voor enkele talen en toepassingsgebieden, zijn er voor andere (gewoonlijk 'kleinere') talen substantiële lacunes. Veel talen ontberen basistechnologieën voor tekstanalyse en de essentiële data om deze technologieën te ontwikkelen. Andere hebben basisgereedschappen en data maar zijn nog niet in staat te investeren in semantische taalverwerking. We moeten daarom nog een grootschalige inspanning doen om de ambitieuze doelstelling te bereiken van automatische vertaling van hoge kwaliteit tussen alle Europese talen.

De situatie van het Nederlands met betrekking tot ondersteuning voor taaltechnologie geeft aanleiding tot voorzichtig optimisme. Gesteund door relatief grote onderzoeksprogramma's in het verleden is er nu in de Lage Landen een levendige onderzoeksgemeenschap en een taaltechnologische industrie, vooral bestaande uit MKB's die zich gedeeltelijk al georganiseerd hebben.

Voor het Standaardnederlands bestaan een aantal technologieën en data, zij het veel minder dan voor het Engels. Zoals aangetoond is in vele studies uit het verleden over specifieke taaltechnologische gebieden, zoals bijv. EuromatrixPlus, speelt het Nederlands in Europa in de derde afdeling samen met het Duits, Frans en enkele andere talen. Hoewel het Engels aan de leiding gaat met betrekking tot taaltechnologische ondersteuning, speelt het maar in de tweede afdeling, aangezien er geen taal is waarvoor de ondersteuning voor taaltechnologie in een toestand is die nodig is om de steun te bieden waar een waarlijk meertalige maatschappij behoefte aan heeft.

Onze bevindingen laten zien dat de Lage Landen na de succesvolle programma's CGN en STEVIN moeten doorpakken en hun inspanningen voor de ontwikkeling van taaltechnologische bronnen moeten voortzetten en ze gebruiken om onderzoek, innovatie en ontwikkeling voort te drijven. De nood aan grote hoeveelheden data en de extreme complexiteit van natuurlijketaalverwerkende systemen maken het essentieel om de infrastructuur waar een begin mee is gemaakt door te ontwikkelen en naar een Europees plan te brengen zodat een coherente onderzoeksorganisatie ontstaat die aanspoort tot uitwisseling en samenwerking.

Er is ook een gebrek aan continuïteit in financiering voor onderzoek en ontwikkeling. Gecoördineerde kortetermijnprogramma's worden gewoonlijk afgewisseld door perioden met geen of nauwelijks financiering. En daarbij komt dan nog dat er een gebrek aan coördinatie is met programma's in andere EU-landen en op het niveau van de Europese Commissie.

We kunnen daarom concluderen dat er grote nood is aan een groot, gecoördineerd initiatief, dat zich erop richt de verschillen in voorbereidheid voor taaltechnologie van Europese talen als geheel te overwinnen.

Het langetermijndoel van META-NET is het introduceren van taaltechnologie van hoge kwaliteit voor alle talen om politieke en economische eenheid te bereiken door culturele verscheidenheid. De technologie zal ertoe bijdragen bestaande grenzen te slechten en bruggen te bouwen tussen de talen van Europa. Daarvoor moeten wel alle belanghebbenden – in de politiek, het onderzoek, het bedrijfsleven, en de maatschappij – hun inspanningen voor de toekomst verenigen.

Uitstekende Ondersteuning	Goede Ondersteuning	Gematigde Ondersteuning	Fragmentarische Ondersteuning	Zwakke of geen Ondersteuning
	Engels	Duits	Baskisch	IJslands
		Fins	Bulgaars	Kroatisch
		Frans	Catalaans	Lets
		Italiaans	Deens	Litouws
		Nederlands	Ests	Maltees
		Portugees	Galicisch	Roemeens
		Spaans	Grieks	
		Tsjechisch	Hongaars	
			Iers	
			Noors	
			Pools	
			Servisch	
			Sloveens	
			Slowaaks	
			Zweeds	

9: Spraakverwerking: Status van de ondersteuning voor 30 Europese talen

Uitstekende Ondersteuning	Goede Ondersteuning	Gematigde Ondersteuning	Fragmentarische Ondersteuning	Zwakke of geen Ondersteuning
	Engels	Frans	Catalaans	Baskisch
		Spaans	Duits	Bulgaars
			Hongaars	Deens
			Italiaans	Ests
			Nederlands	Fins
			Pools	Galicisch
			Roemeens	Grieks
				Iers
				IJslands
				Kroatisch
				Lets
				Litouws
				Maltees
				Noors
				Portugees
				Servisch
				Sloveens
				Slowaaks
				Tsjechisch
				Zweeds

10: Automatisch vertalen: Status van de ondersteuning voor 30 Europese talen

Uitstekende Ondersteuning	Goede Ondersteuning	Gematigde Ondersteuning	Fragmentarische Ondersteuning	Zwakke of geen Ondersteuning
	Engels	Duits	Baskisch	Ests
		Frans	Bulgaars	Iers
		Italiaans	Catalaans	IJslands
		Nederlands	Deens	Kroatisch
		Spaans	Fins	Lets
			Galicisch	Litouws
			Grieks	Maltees
			Hongaars	Servisch
			Noors	
			Pools	
			Portugees	
			Roemeens	
			Sloveens	
			Slowaaks	
			Tsjechisch	
			Zweeds	

11: Tekstanalyse: Status van de ondersteuning voor 30 Europese talen

Uitstekende Ondersteuning	Goede Ondersteuning	Gematigde Ondersteuning	Fragmentarische Ondersteuning	Zwakke of geen Ondersteuning
	Engels	Duits	Baskisch	Iers
		Frans	Bulgaars	IJslands
		Hongaars	Catalaans	Lets
		Italiaans	Deens	Litouws
		Nederlands	Ests	Maltees
		Pools	Fins	
		Spaans	Galicisch	
		Tsjechisch	Grieks	
		Zweeds	Kroatisch	
			Noors	
			Portugees	
			Roemeens	
			Servisch	
			Sloveens	
			Slowaaks	

12: Taaldata: Status van de ondersteuning voor 30 Europese talen

5

OVER META-NET

META-NET is een 'Network of Excellence' gedeelte-lijk gefinancierd door de Europese Commissie [59]. Het netwerk bestaat momenteel uit 54 onderzoeks-centra uit 33 Europese landen. META-NET organi-seert **META**, de Meertalige Europese TechnologieAlli-antie, een groeiende gemeenschap van taaltechnologi-sche experts en organisaties in Europa. META-NET be-kommert zich om de technologische fundamenten voor een waarlijk meertalige Europese informatiemaatschap-pij die: communicatie en samenwerking over talen heen mogelijk maakt; aan alle Europese burgers ongeacht hun taal gelijke toegang verschaft tot informatie en kennis; voortbouwt op geavanceerde functionaliteit van genet-werkte informatietechnologie en deze bevordert.

Het netwerk ondersteunt een Europa dat verenigd is als een enkele digitale markt- en informatieruimte. Het stimuleert en bevordert meertalige technologieën voor alle Europese talen. Deze technologieën maken auto-matische vertaling, productie van inhoud, verwerking van informatie en kennismanagement mogelijk voor een grote reeks toepassingen en onderwerpsgebieden. Sinds de start van het netwerk op 1 februari 2010 heeft META-NET al verschillende activiteiten ontplooid op zijn drie actielijnen META-VISION, META-SHARE en META-RESEARCH.

META-VISION bevordert een dynamische en invloed-rijke gemeenschap van belanghebbenden verenigd rond een gedeelde visie en een gemeenschappelijke strategi-sche onderzoeksagenda. De voornaamste focus van deze activiteit is het bouwen van een coherente en samen-hangende taaltechnologische gemeenschap in Europa door vertegenwoordigers van zeer gefragmenteerde en uiteenlopende groepen belanghebbenden bij elkaar te brengen. Het voorliggende witboek is opgesteld samen met volumes voor 29 andere talen. De gedeelde techno-logievisie is ontwikkeld in drie naar sector ingedeelde vi-siegroepen. De META Technologieraad is ingesteld om de Strategische Onderzoeksagenda gebaseerd op deze visie te bediscussiëren en op te stellen in nauwe inter-actie met de hele taaltechnologische gemeenschap.

META-SHARE creëert een open gedistribueerde voor-ziening voor het uitwisselen en het delen van taalbron-nen. Het peer-to-peer netwerk van bewaarplaatsen zal taaldata, taalgereedschappen en webservices bevatten die gedocumenteerd zijn met metadata van hoge kwali-teit en georganiseerd in gestandaardiseerde categorieën. De taalbronnen zijn makkelijk toegankelijk en uniform doorzoekbaar. De beschikbare taalbronnen omvatten vrije, open source materialen evenals beperkte, commer-ciële onderdelen die tegen betaling beschikbaar gemaakt kunnen worden.

META-RESEARCH bouwt bruggen naar verwante technologiegebieden. Deze activiteit probeert vooruit-gang op andere gebieden als een hefboom te gebrui-ken en te kapitaliseren op innovatief onderzoek dat nut-tig kan zijn voor taaltechnologie. In het bijzonder richt deze actielijn zich op het uitvoeren van toponderzoek naar automatisch vertalen, het verzamelen van data en het voorbereiden van dataverzamelingen.

office@meta-net.eu – http://www.meta-net.eu

1

EXECUTIVE SUMMARY

Information technology changes our everyday lives. We typically use computers for writing, editing, calculating, and information searching, and increasingly for reading, listening to music, viewing photos and watching movies. We carry small computers in our pockets and use them to make phone calls, write emails, get information and entertain ourselves, wherever we are. How does this massive digitisation of information, knowledge and everyday communication affect our language? Will our language change or even disappear?

All our computers are linked together into an increasingly dense and powerful global network. The girl in Ipanema, the customs officer in Venlo, and the engineer in Kathmandu can all chat with their friends on Facebook, but they are unlikely ever to meet one another in online communities and forums. If they are worried about how to treat earache, they will all check Wikipedia to find out all about it, but even then they won't read the same article. When Europe's netizens discuss the effects of the Fukushima nuclear accident on European energy policy in forums and chat rooms, they do so in cleanly-separated language communities. What the internet connects is still divided by the languages of its users. Will it always be like this?

Many of the world's 6,000 languages will not survive in a globalised digital information society. It is estimated that at least 2,000 languages are doomed to extinction in the decades ahead. Others will continue to play a role in families and neighbourhoods, but not in the wider business and academic world. What are survival chances of the Dutch language?

With about 23 million native speakers, Dutch is the 8th most widely spoken native language in the EU. It is just a 'small' language in comparison to its neighbouring languages English, German, and French. The influence of English on language use especially by younger people is significant. Business, even if confined to the Low Countries (the Netherlands and Flanders), is often conducted in English, especially in transnational companies. The language of communication in science is English. Higher education is increasingly given in English instead of Dutch. Book publications in Dutch, films, and TV and radio programmes in Dutch exist of course, but the market for them is rather small. Within the European Union, Dutch is an official language, but Dutch is hardly used in European Union business. The Dutch language will surely not disappear completely, but there is a real danger that the use of the Dutch language will disappear from major areas of our personal lives, in particular, e. g., from domestic policies, administrative procedures, the law, culture and shopping.

The status of a language depends not only on the number of speakers or books, films and TV stations that use it, but also on the presence of the language in the digital information space and software applications. The Dutch Wikipedia is the ninth largest in the world. With about 1.24 million Internet domains, the Netherlands's top-level country domain .nl is the 11th country extension. Though not bad for a small region and growing, the amount of Dutch language data available on the web is of course minor compared to the English language data and language data from several other bigger languages such as German and French. Thanks to the STEVIN programme, which had the consolidation of the Dutch language in the modern communication and information society as one of its explicit goals, the Dutch language is also not doing too bad in terms of software for the Dutch language and language resources needed to develop such software. It plays in the same league as German and French, but it is still far behind on English.

Information and communication technology are now preparing for the next revolution. After personal computers, networks, miniaturisation, multimedia, mobile devices and cloud-computing, the next generation of technology will feature software that understands not just spoken or written letters and sounds but entire words and sentences, and supports users far better because it speaks, knows and understands their language. Forerunners of such developments are the free online service Google Translate that translates between 57 languages, IBM's supercomputer Watson that was able to defeat the US-champion in the game of "Jeopardy", and Apple's mobile assistant Siri for the iPhone that can react to voice commands and answer questions in English, German, French and Japanese.

The next generation of information technology will master human language to such an extent that human users will be able to communicate using the technology in their own language. Devices will be able to automatically find the most important news and information from the world's digital knowledge store in reaction to easy-to-use voice commands. Language-enabled technology will be able to translate automatically or assist interpreters; summarise conversations and documents; and support users in learning scenarios. For example, it will help immigrants – as required by the governments of the Low Countries – to learn the Dutch language and integrate more fully into the country's culture.

The next generation of information and communication technologies will enable industrial and service robots (currently under development in research laboratories) to faithfully understand what their users want them to do and then 'proudly' report on their achievements.

This level of performance means going way beyond simple character sets and lexicons, spell checkers and pronunciation rules. The technology must move on from simplistic approaches and start modeling language in an all-encompassing way, taking syntax as well as semantics into account to understand the drift of questions and generate rich and relevant answers,

However, there is a yawning technological gap between English and other languages, including Dutch, and it is currently getting wider. Commercial companies investigate, develop, sell and use language technology initially for the (American) English language, simply because the most interesting markets are in (American) English speaking countries. The technological forerunners mentioned above will in some cases come only much later for the Dutch language, and in many cases not at all. Partially as result of this, most academic research is also done on the (American) English language. The Dutch language is hardly anywhere in sight in these developments.

International technology competitions tend to show that results for the automatic analysis of English are far better than those for Dutch, even though (or precisely because) the methods of analysis are similar, if not identical. This holds true for extracting information from texts, grammar checking, machine translation and a whole range of other applications.

Many researchers reckon that these setbacks are due to the fact that, for fifty years now, the methods and algorithms of computational linguistics and language technology application research have first and foremost focused on English. In a selection of leading conferences and scientific journals published between 2008 and 2010, the number of publications on language technology for English was an order of magnitude larger than the number of publications on language technology for any European language.

However, other researchers believe that the currently used methods in natural language processing are more suited to the English language than to, e. g., German or Dutch (because of linguistic properties of these languages). This means that we need a dedicated, consistent, and sustainable research effort if we want to be users of the next generation of information and communication technology in those areas of our private and work life where we live, speak and write Dutch.

Only by dedicated programmes such as the STEVIN programme was it possible to create language resources and basic tools to be able to carry out research on language technology for the Dutch language, and to make it more attractive to companies to develop and offer products and services in the Dutch language. There surely is a very high research potential on this side of the Atlantic. Apart from internationally renowned research centres and universities, there are a number of innovative small and medium-sized language technology companies that manage to survive through sheer creativity and immense efforts, despite the lack of venture capital or sustained public funding.

Summing up, the Dutch language will surely not disappear as a whole, even from the prowess of English language computing. But, with the increasing expansion of the digital information society, it may disappear in selected domains such as policy discussions and decisions, culture, education, administrative procedures, the law and shopping. We can prevent this by ensuring that the Dutch language survives in the digital world. This requires sustainable support for research into and development of language technology for the Dutch language. Through improvements in machine translation, language technology will help in overcoming language barriers, but it will only be able to operate between those languages that have managed to survive in the digital world. If there is adequate language technology available for a language, then it will be able to survive in the digital world even if it has a very small speaker population. If not, the language will come under severe pressure.

2

LANGUAGES AT RISK: A CHALLENGE FOR LANGUAGE TECHNOLOGY

We are witnesses to a digital revolution that is dramatically impacting communication and society. Recent developments in information and communication technology are sometimes compared to Gutenberg's invention of the printing press. What can this analogy tell us about the future of the European information society and our languages in particular?

The digital revolution is comparable to Gutenberg's invention of the printing press.

After Gutenberg's invention, real breakthroughs in communication were accomplished by efforts such as Luther's translation of the Bible into vernacular language. In subsequent centuries, cultural techniques have been developed to better handle language processing and knowledge exchange:

- the orthographic and grammatical standardisation of major languages enabled the rapid dissemination of new scientific and intellectual ideas;

- the development of official languages made it possible for citizens to communicate within certain (often political) boundaries;

- the teaching and translation of languages enabled exchanges across languages;

- the creation of editorial and bibliographic guidelines assured the quality of printed material;

- the creation of different media like newspapers, radio, television, books, and other formats satisfied different communication needs.

In the past twenty years, information technology has helped to automate and facilitate many processes:

- desktop publishing software has replaced typewriting and typesetting;

- Microsoft PowerPoint has replaced overhead projector transparencies;

- e-mail allows documents to be sent and received more quickly than using a fax machine;

- Skype offers cheap Internet phone calls and hosts virtual meetings;

- audio and video encoding formats make it easy to exchange multimedia content;

- web search engines provide keyword-based access;

- online services like Google Translate produce quick, approximate translations;

- social media platforms such as Facebook, Twitter and Google+ facilitate communication, collaboration, and information sharing.

Although these tools and applications are helpful, they are not yet capable of supporting a fully-sustainable, multilingual European society in which information and goods can flow freely.

2.1 LANGUAGE BORDERS HOLD BACK THE EUROPEAN INFORMATION SOCIETY

We cannot predict exactly what the future information society will look like. However, there is a strong likelihood that the revolution in communication technology is bringing together people who speak different languages in new ways. This is putting pressure both on individuals to learn new languages and especially on developers to create new technology to ensure mutual understanding and access to shareable knowledge. In the global economic and information space, there is increasing interaction between different languages, speakers and content thanks to new types of media. The current popularity of social media (Wikipedia, Facebook, Twitter or YouTube) is only the tip of the iceberg.

The global economy and information space confronts us with different languages, speakers and content.

Today, we can transmit gigabytes of text around the world in a few seconds before we recognise that it is in a language that we do not understand. According to a recent report from the European Commission, 57% of Internet users in Europe purchase goods and services in non-native languages; English is the most common foreign language followed by French, German and Spanish. 55% of users read content in a foreign language while 35% use another language to write e-mails or post comments on the Web [2]. A few years ago, English might have been the lingua franca of the Web but the situation has now drastically changed. The amount of online content in other European (as well as Asian and Middle Eastern) languages has exploded. Surprisingly, this ubiquitous digital linguistic divide has not gained much public attention. Yet, it raises a very pressing ques-

tion: Which European languages will thrive in the networked information and knowledge society, and which are doomed to disappear?

2.2 OUR LANGUAGES AT RISK

While the printing press helped step up the exchange of information in Europe, it also led to the extinction of many European languages. Regional and minority languages were rarely printed and languages such as Cornish and Dalmatian were limited to oral forms of transmission, which in turn restricted their scope of use. Will the Internet have the same impact on our modern languages?

The variety of languages in Europe is one of its richest and most important cultural assets.

Europe's approximately 80 languages are one of our richest and most important cultural assets, and a vital part of this unique social model [3]. While languages such as English and Spanish are likely to survive in the emerging digital marketplace, many European languages could become irrelevant in a networked society. This would weaken Europe's global standing, and run counter to the strategic goal of ensuring equal participation for every European citizen regardless of language. According to a UNESCO report on multilingualism, languages are an essential medium for the enjoyment of fundamental rights, such as political expression, education and participation in society [4].

2.3 LANGUAGE TECHNOLOGY IS A KEY ENABLING TECHNOLOGY

In the past, investments in language preservation focussed primarily on language education and translation. According to one estimate, the European market for translation, interpretation, software localisation and website globalisation was €8.4 billion in 2008 and is expected to grow by 10% per annum [5]. Yet this figure covers just a small proportion of current and future needs in communicating between languages. The most compelling solution for ensuring the breadth and depth of language usage in Europe tomorrow is to use appropriate technology, just as we use technology to solve our transport and energy needs among others.

Language technology targeting all forms of written text and spoken discourse can help people to collaborate, conduct business, share knowledge and participate in social and political debate regardless of language barriers and computer skills. It often operates invisibly inside complex software systems to help us already today to:

- find information with a search engine;
- check spelling and grammar in a word processor;
- view product recommendations in an online shop;
- follow the spoken directions of a navigation system;
- translate web pages via an online service.

Language technology consists of a number of core applications that enable processes within a larger application framework. The purpose of the META-NET language white papers is to focus on how ready these core enabling technologies are for each European language.

Europe needs robust and affordable language technology for all European languages.

To maintain our position in the frontline of global innovation, Europe will need language technology, tailored to all European languages, that is robust and affordable and can be tightly integrated within key software environments. Without language technology, we will not be able to achieve a really effective interactive, multimedia and multilingual user experience in the near future.

2.4 OPPORTUNITIES FOR LANGUAGE TECHNOLOGY

In the world of print, the technology breakthrough was the rapid duplication of an image of a text using a suitably powered printing press. Human beings had to do the hard work of looking up, assessing, translating, and summarising knowledge. We had to wait until Edison to record spoken language – and again his technology simply made analogue copies.

Language technology can now simplify and automate the processes of translation, content production, and knowledge management for all European languages. It can also empower intuitive speech-based interfaces for household electronics, machinery, vehicles, computers and robots. Real-world commercial and industrial applications are still in the early stages of development, yet R&D achievements are creating a genuine window of opportunity. For example, machine translation is already reasonably accurate in specific domains, and experimental applications provide multilingual information and knowledge management, as well as content production, in many European languages.

As with most technologies, the first language applications such as voice-based user interfaces and dialogue systems were developed for specialised domains, and often exhibit limited performance. However, there are huge market opportunities in the education and entertainment industries for integrating language technologies into games, edutainment packages, libraries, simulation environments and training programmes. Mobile information services, computer-assisted language learning software, eLearning environments, self-assessment tools and plagiarism detection software are just some of the application areas in which language technology can play an important role. The popularity of social media applications like Twitter and Facebook suggest a need for sophisticated language technologies that can monitor posts, summarise discussions, suggest opinion trends, detect emotional responses, identify copyright infringements or track misuse.

Language technology helps overcome the "disability" of linguistic diversity.

Language technology represents a tremendous opportunity for the European Union. It can help to address the complex issue of multilingualism in Europe – the fact that different languages coexist naturally in European businesses, organisations and schools. However, citizens need to communicate across the language borders of the European Common Market, and language technology can help overcome this final barrier, while supporting the free and open use of individual languages. Looking even further ahead, innovative European multilingual language technology will provide a benchmark for our global partners when they begin to support their own multilingual communities. Language technology can be seen as a form of "assistive" technology that helps overcome the "disability" of linguistic diversity and makes language communities more accessible to each other. Finally, one active field of research is the use of language technology for rescue operations in disaster areas, where performance can be a matter of life and death: Future intelligent robots with cross-lingual language capabilities have the potential to save lives.

2.5 CHALLENGES FACING LANGUAGE TECHNOLOGY

Although language technology has made considerable progress in the last few years, the current pace of technological progress and product innovation is too slow. Widely-used technologies such as the spelling and grammar correctors in word processors are typically monolingual, and are only available for a handful of languages. Online machine translation services, although useful for quickly generating a reasonable approximation of a document's contents, are fraught with difficulties when highly accurate and complete translations are required.

Technological progress needs to be accelerated.

Due to the complexity of human language, modelling our tongues in software and testing them in the real world is a long, costly business that requires sustained funding commitments. Europe must therefore maintain its pioneering role in facing the technological challenges of a multiple-language community by inventing new methods to accelerate development right across the map. These could include both computational advances and techniques such as crowdsourcing.

2.6 LANGUAGE ACQUISITION IN HUMANS AND MACHINES

To illustrate how computers handle language and why it is difficult to program them to process different tongues, let's look briefly at the way humans acquire first and second languages, and then see how language technology systems work.

Humans acquire language skills in two different ways. Babies acquire a language by listening to the real interactions between their parents, siblings and other family members. From the age of about two, children produce their first words and short phrases. This is only possible because humans have a genetic disposition to imitate and then rationalise what they hear.

Learning a second language at an older age requires more cognitive effort, largely because the child is not immersed in a language community of native speakers. At school, foreign languages are usually acquired by learning grammatical structure, vocabulary and spelling using drills that describe linguistic knowledge in terms of abstract rules, tables and examples.

Humans acquire language skills in two different ways: learning from examples and learning the underlying language rules.

Moving now to language technology, the two main types of systems acquire language capabilities in a similar manner. Statistical (or data-driven) approaches obtain linguistic knowledge from vast collections of concrete example texts. While it is sufficient to use text in a single language for training, e. g., a spell checker, parallel texts in two (or more) languages have to be available for training a machine translation system. The machine learning algorithm then learns patterns of how words, short phrases and complete sentences are translated.

This statistical approach usually requires millions of sentences to boost performance quality. This is one reason why search engine providers are eager to collect as much written material as possible. Spelling correction in word processors, and services such as Google Search and Google Translate, all rely on statistical approaches. The great advantage of statistics is that the machine learns quickly in a continuous series of training cycles, even though quality can vary randomly.

The second approach to language technology, and to machine translation in particular, is to build rule-based systems. Experts in the fields of linguistics, computational linguistics and computer science first have to encode grammatical analyses (translation rules) and compile vocabulary lists (lexicons). This is very time consuming and labour intensive. Some of the leading rule-based machine translation systems have been under constant development for more than 20 years. The great advantage of rule-based systems is that the experts have more detailed control over the language processing. This makes it possible to systematically correct mistakes in the software and give detailed feedback to the user, especially when rule-based systems are used for language learning. However, due to the high cost of this work, rule-based language technology has so far only been developed for a few major languages.

The two main types of language technology systems acquire language in a similar manner.

As the strengths and weaknesses of statistical and rule-based systems tend to be complementary, current research focusses on hybrid approaches that combine the two methodologies. However, these approaches have so far been less successful in industrial applications than in the research lab.

As we have seen in this chapter, many applications widely used in today's information society rely heavily on language technology, particularly in Europe's economic and information space. Although this technology has made considerable progress in the last few years, there is still huge potential to improve the quality of language technology systems. In the next section, we describe the role of Dutch in the European information society and assess the current state of language technology for the Dutch language.

3

THE DUTCH LANGUAGE IN THE EUROPEAN INFORMATION SOCIETY

3.1 GENERAL FACTS

With about 23 million native speakers, Dutch is the 8th most widely spoken native language in the EU. It is the commonly used language in the Netherlands and the Flemish part (called Flanders) of Belgium and one of the official languages in Surinam, Aruba, Curacao and Sint-Maarten, where it is used by parts of the population. It is also spoken in the EU in France and Germany, and outside the EU in Brazil, Canada, Indonesia (Java and Bali), South Africa, and the United States. The official Dutch name for the language is *Nederlands*, though Dutch as spoken in Flanders is usually called *Vlaams* ('Flemish'). This White Paper focuses on the situation of the Dutch language and LT for it in the Netherlands and Flanders, which together we will designate with the term 'the Low Countries'.

In the Netherlands, Dutch is the common spoken and written language and the native language of the vast majority of the population. The Netherlands has one officially recognised minority language, Frisian, spoken in the province of Friesland (Frisia). There are several immigrant languages. No reliable figures on the number of speakers of immigrant languages are known. However, the Centraal Bureau voor de Statistiek (Statistics Netherlands) [6] does provide figures for immigrants by ethnicity (≠ nationality). For ethnicities from outside the Netherlands some 1.5 million are from Western origin, and for non-western origin the figures are: Morocco (Rif Berber, estimated at 75%, and (Moroccan) Ara-

bic, estimated at 25%) 350k persons, Netherlands Antilles and Aruba (Papiamentu) 138k persons, Surinam (Dutch, Sranan, Guyanese Creole English, Hindustani, Javanese) 342k persons, Turkey (Turkish) 383k persons, and other non-western (various languages) 644k persons.

With about 23 million native speakers, Dutch is the 8th most widely spoken native language in the EU.

In Belgium, Dutch is, by law, the language of Flanders, and one of the two languages (next to French) of the Brussels region. Belgium also has a French-speaking region and a German-speaking region.

Dutch has a variety of dialects, including (in the Netherlands) Achterhoeks, Drents, Gronings, Limburgs, Sallands, Stellingwerfs, Twents, Veluws and Zeeuws, and in Flanders West-Vlaams, Antwerps, Oost-Vlaams, Brabants and Limburgs. The orthography is standardised but there were some changes in the standard recently (1996 and 2006). The standard is obligatory in education and governmental publications. Some of the recently proposed changes have led to different interpretations of the standard by different publishers, causing small differences in spelling (e. g., the *Groene Boekje* [7]: *actievoeren* v. *Van Dale*: *actie voeren*), and some spelling changes were not accepted by all publishers [8], who spell certain words differently (esp. with regard to the so-called *tussen-n* in compounds), in accordance with the so-called *Witte Boekje* [9]. Dutch orthography can be quite complicated for certain words and constructions, so complicated that every year the so-called *Groot Dictee* [10] is organised by the Netherlands and Flanders and broadcast on national TV. The *Groot Dictee* is so difficult that anyone scoring less than 30 errors in about 8 sentences can be considered an excellent speller! In general, all Dutch dialects in the Netherlands share the same core grammar, though some dialects exhibit differences in some syntactic constructions. There are several lexical differences between dialects, and especially between Dutch as spoken in the Netherlands and Dutch as spoken in Flanders, e. g., the word *ajuin* is only used in Flanders instead of the standard Dutch *ui* ('onion'). There are also several words that are the same in Flanders and in the Netherlands but have a different meaning, e. g., *middag* (lit. 'midday') in the Netherlands means the period of the day from 14:00-17:00 hrs, while in Flanders it means the period of the day from 12:00-14:00. Flemish also uses many words originating from French, e. g., terms for car engine parts, while Dutch in the Netherlands uses more English or English-inspired words in this domain. This also sometimes has consequence for pronunciation, e. g., the words *flat* and *tram* are in use both in the Netherlands and in Flanders, they are borrowed from English but in Flanders the borrowing went via the French language, so that in Flanders these words are pronounced as fl[A]t and tr[A]m while in the Netherlands they are pronounced as fl[E]t and tr[E]m.

3.2 PARTICULARITIES OF THE DUTCH LANGUAGE

The Dutch language exhibits some specific characteristics, which contribute to the richness of the language by allowing the speakers to express ideas in a large variety of ways. One such particularity is that it is quite common to put non-subjects sentence-initially (much more common than in English).

Certain linguistic characteristics of Dutch are challenges for computational processing.

For example, consider the English sentence *The woman was going to the store every day.* In English, there are very limited possibilities to use a different word order in this sentence, but in the Dutch equivalent almost any phrase can be the initial phrase in the sentence:

- De vrouw ging elke dag naar de winkel.
- Elke dag ging de vrouw naar de winkel.
- Naar de winkel ging de vrouw elke dag.

Word order in Dutch is thus much freer than in English (but not as free as in German).
Also, the Dutch language is quite productive in creating new compounds, though the use and productivity of compounding is not as extreme as in German. Nevertheless, newly formed compounds occur frequently and are difficult to process for NLP technology.

Word order is relatively free in Dutch sentences.

Another characteristic of Dutch that makes processing difficult is formed by separable verb prefixes that can occur far from the verb in nested constructions like:

Hij **stelde** zich na mij een drankje aangeboden te hebben en wij in gesprek geraakt waren aan ons **voor**. (He **introduced** himself after he offered me a drink and we started a conversation.)

The meaning of a verb containing such a separable prefix like *voor*, *in* or *uit* can very often not be derived from the meaning of the base verb and the meaning of the prefix. For example, the verb *stellen* ('put, place'), is contained in *voorstellen* ('imagine'/'introduce'/etc.), *instellen* ('set up'/'regulate'/etc.), *uitstellen* ('postpone') and many other verbs.

> Automatic processing of the so-called R-pronouns is complicated.

A further peculiarity complicating automatic processing of Dutch is the phenomenon of the so-called R-pronouns such as *er, waar, daar*. These pronouns are often at a distance from the preposition they belong to

> Hij keek daar gisteren naar.
> (he was looking at that yesterday)

where *daar* and *naar* are separated from each other by the adverb *gisteren* 'yesterday'. Furthermore, a single occurrence of the R-pronoun *er* can serve multiple functions at once, e. g., in

> Dachten er twee over na?
> (Were two of them thinking about it?)

where *er* belongs both to the preposition *over* 'about' and to the quantifier *twee* 'two'.

3.3 RECENT DEVELOPMENTS

From the 1950s on, American TV series and movies began to conquer the Dutch market. Foreign films and series are generally broadcast in the original language and subtitled. The strong presence of the American way of life in the media influenced the Dutch culture and language. Due to the continuing triumph of English music since the 1960s (e. g., Elvis Presley, the Beatles), generations of young people grew up naturally surrounded by English. The English language rose to become the 'cool/hip' language and has kept this status until today.

The lasting popularity is expressed by the fact that nowadays loan words often originate from the English language. According to an estimate by [11], 30% of the Dutch vocabulary are loan words, and many of these are English loan words. In most cases these words fill some gap, i. e., they enrich the Dutch language rather than threaten it, though some are considered anglicisms, i. e., barbarisms from the English language for which proper Dutch equivalents exist which should preferably be used.

Borrowings from English are dominating in business, science, certain technical domains and on the internet. A strong tendency to overuse English loan words can also be detected in product advertisements.

These developments demonstrates the importance of raising awareness for a development that entails the risk of excluding large parts of the population from taking part in information society, namely those who are not familiar with English. They were one of the reasons to set up the Dutch-Flemish language and speech technology programme STEVIN [12], which aimed to consolidate the position of the Dutch language in the modern information society.

3.4 LANGUAGE CULTIVATION IN THE LOW COUNTRIES

The Dutch language is represented by various publicly funded societies and language bodies. There is an intergovernmental language policy organisation, the Dutch Language Union (Nederlandse Taalunie) [13], in which the Netherlands, Flanders and Surinam cooperate on the Dutch language. Its policy is established by the Committee of Ministers (Comité van Ministers), a commission comprising the Dutch and Flemish ministers for education and culture and a representative of Surinam. The union also cooperates with the Caribbean islands that have Dutch as an official language.

The policy of the Dutch Language Union concerns the Dutch language itself, the Dutch language in digital applications, Dutch language teaching , literature, the promotion of reading skills, the position of the Dutch language in Europe and the world and last, but not least, providing a single, uniform, official spelling for the Dutch language.

Private initiatives include *het Genootschap Onze Taal* ('Society of Our Language') [14], and *het Algemeen Nederlands Verbond* ('General Dutch Union') [15].

Several institutes are dedicated to the study of the Dutch language and culture, e. g., *het Instituut voor Nederlandse Lexicologie* (INL, 'Institute for Dutch Lexicology') [16], the *Meertens Institute* [17] (that studies the Dutch language and its dialects and Dutch culture), and the *Huygens ING Institute* [18] (for the study of Dutch literature and history). The latter two are institutes of the *Koninklijke Nederlandse Academie voor Wetenschappen* [19] (KNAW, Royal Netherlands Academy of Arts and Sciences). Furthermore, the TST-Centrale [20] (Dutch HLT-Agency), which is an initiative of and funded by the Dutch Language Union and is based within INL, stores, maintains and distributes HLT-resources for the Dutch language.

Measures to protect the status of the Dutch language are rarely taken.

Unlike some other countries, the Netherlands does not maintain a language academy, but Belgium does have the *Koninklijke Academie voor Nederlandse Taal- en Letterkunde* (Royal Academy of Dutch Literature and Linguistics) [21].

Measures to protect the status of the Dutch language are rarely taken. One exception is the 'language laws' set up in Belgium, with its complicated and sensitive language situation, in part to protect Dutch against French. In the area of language technology, the funding of the STEVIN programme to consolidate the position of the Dutch language in the modern information and communication society is a rare and only short-term exception, and the set-up of the TST-Centrale (Dutch HLT Agency) a good (but very small) step towards a more long term approach.

The Dutch language is relatively small, and its native speakers are generally well-educated to speak other languages (esp. English), which puts the Dutch language in a disadvantageous situation compared to, e. g., languages like French, which has a large speaker basis and is strongly promoted by the global community of French-speaking peoples within the so-called Francophonie. These factors may encourage an attitude of tolerance and openness towards cultural diversity, but can also pose a threat to Dutch language cultivation.

3.5 LANGUAGE IN EDUCATION

The Ministry of OCW (Education, Culture and Sciences) organises and monitors education in general, including the education of the Dutch language in the Netherlands. In Flanders, the Department Onderwijs & Vorming (Department of Education and Training) is responsible for education.

Language skills are the key qualification needed in education as well as for personal and professional communication. Dutch language teaching makes up about one third of the school lessons of 9-to-11-year-old students, comparable to the native language lessons in France and Greece and higher than the 20% reported for Germany. It is therefore not surprising that, on a European level, the PISA 2009 study revealed that Dutch students performed significantly above OECD average with respect to reading literacy [22].

The education of Dutch 'extra muros' is also systematically monitored via studies performed by or under the supervision of the Dutch Language Union [23]. The Dutch Language Union focus involves not only research but also concrete policy and practical guidelines for addressing problems in areas such as spelling, reading skills, language competence of teachers, language and/or educational retardation, education in literature, and others. Continuous attention to Dutch language teaching in schools is essential for providing students with the language skills required for an active participation in society. Language technology can make an important contribution here by offering so-called computer-assisted language learning (CALL) systems, which allow students to experience language in a playful way, for example by linking special vocabulary in electronic text to comprehensible definitions or to audio or video files supplying additional information, e. g., the pronunciation of a word.

3.6 INTERNATIONAL ASPECTS

The Dutch language has produced authors of international standing, and many authors reach an international audience via translations of their works [24]. Nevertheless, its influence is small in comparison to big languages such as English, German and French. In philosophy, the Netherlands has made significant contributions (e. g., Spinoza, and more recently (in the area of the foundations of mathematics) L. E. J. Brouwer and E. W. Beth). The Low Countries have a flourishing scientific community and a high international prestige. Eighteen scientists from the Netherlands and 5 from Belgium (of which 2 from Flanders) have won Nobel prizes in physics, chemistry, economy, literature and medicine.

The Dutch language has never played an important role in international scientific publications. Though many publications on Dutch law, literature and history are written in Dutch, most scientific publications are in English. In many conferences, workshops and lectures at Dutch universities the working language is English. This is also true in the business world. In many large and in-

ternationally active companies, English has become the lingua franca, both in written (emails and documents) and oral communication (e. g., talks).

The Dutch language has never played an important role in international scientific publications.

Even though Dutch is taught by 700 teachers at 190 universities and by 6000 teachers to 400,000 students at hundreds of non-university institutes, the status of Dutch as a foreign language has always been marginal in comparison to big languages such as English. Pragmatic reasons for learning Dutch (e. g., better chances on the job market) are of little importance, so most students must be driven by pure interest in the Dutch language. Within the European Union, Dutch is an official language, but Dutch is hardly used in European Union business. Only the official legislation, some documents for Dutch-speaking members of the European parliament, and documents aimed at the general public are published also in Dutch, turning Dutch into a somewhat marginal language at the EU level, and endangering the interest of the Dutch speaking communities. Language technology can address this challenge from a different perspective by offering services like machine translation or cross-lingual information retrieval to foreign language text and thus help diminish personal and economic disadvantages naturally faced by non-native speakers of English.

3.7 DUTCH ON THE INTERNET

In June 2010, 88.6% of the Dutch [25] were internet users and 72.7% of the Flemish [26] had internet. Among young people, the proportion of users is even higher. There is an active Dutch-speaking web community, e. g., reflected by the Dutch Wikipedia, the ninth largest Wikipedia in the world [27]. A recent study showed that 90% of the European internet users prefer reading a website in their native language over reading a website in a non-native language, and only a small minority would accept a web page in English if there is no alternative in their own language [2]. Furthermore, active use of the internet drops to 35% when it has to be done in a non-native language. This witnesses to the importance of the native language on the internet.

The Dutch Wikipedia is the ninth largest Wikipedia in the world.

With about 1.24 million Internet domains [28], the Netherlands's top-level country domain .nl is the 11th country extension. Though not bad for a small country and growing, the amount of Dutch language data available on the web is of course minor compared to the English language data and language data from several other bigger languages such as German and French.

With about 1.24 million Internet domains, the Netherlands's top-level country domain .nl is the 11th largest country extension.

For language technology, the growing importance of the internet is important in two ways. On the one hand, the large amount of digitally available language data represents a rich source for analysing the usage of natural language, in particular by collecting statistical information. On the other hand, the internet offers a wide range of application areas involving language technology.

The most commonly used web application is certainly web search, which involves the automatic processing of language on multiple levels, as we will see in more detail in the second part of this paper. It involves sophisticated language technology, differing for each language. For Dutch, this comprises matching words with variants with changed spellings as well as words with diacritics such as accents and tremas with words without these diacritics. But internet users and providers of web content can also profit from language technology in less obvious ways, for example if it is used to automatically translate web contents from one language into another. Considering the high costs associated with manually translating these contents, it may be surprising how little usable language technology is built in compared to the anticipated need.

However, it becomes less surprising if we consider the complexity of (the Dutch) language and the number of technologies involved in typical LT applications.

For further information on the Dutch language we refer to [29, 30, 31, 32, 33, 34, 35].

The next chapter gives an introduction to language technology and its core application areas, together with an evaluation of current language technology support for Dutch.

4

LANGUAGE TECHNOLOGY SUPPORT FOR DUTCH

Language technology is used to develop software systems designed to handle human language and are therefore often called "human language technology". Human language comes in spoken and written forms. While speech is the oldest and in terms of human evolution the most natural form of language communication, complex information and most human knowledge is stored and transmitted through the written word. Speech and text technologies process or produce these different forms of language, using dictionaries, rules of grammar, and semantics. This means that language technology (LT) links language to various forms of knowledge, independently of the media (speech or text) in which it is expressed. Figure 1 illustrates the LT landscape.

When we communicate, we combine language with other modes of communication and information media – for example speaking can involve gestures and facial expressions. Digital texts link to pictures and sounds. Movies may contain language in spoken and written form. In other words, speech and text technologies overlap and interact with other multimodal communication and multimedia technologies.

In this section, we will discuss the main application areas of language technology, i. e., language checking, web search, speech interaction, and machine translation. These applications and basic technologies include

- spelling correction
- authoring support
- computer-assisted language learning

- information retrieval
- information extraction
- text summarisation
- question answering
- speech recognition
- speech synthesis

Language technology is an established area of research with an extensive set of introductory literature. The interested reader is referred to the following references: [38, 39, 40, 41].

Before discussing the above application areas, we will briefly describe the architecture of a typical LT system.

4.1 APPLICATION ARCHITECTURES

Software applications for language processing typically consist of several components that mirror different aspects of language. While such applications are often very complex, figure 2 shows a highly simplified architecture of a typical text processing system. The first three modules handle the structure and meaning of the text input:

1. Pre-processing: cleans the data, analyses or removes formatting, detects the input languages, and so on.

2. Grammatical analysis: finds the verb, its objects, modifiers, etc.; detects the sentence structure.

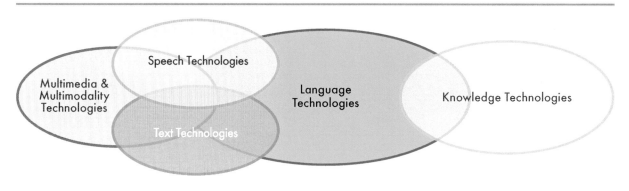

1: Language technology in context

3. Semantic analysis: performs disambiguation (i. e., computes the appropriate meaning of words in a given context); resolves anaphora (i. e., which pronouns refer to which nouns in the sentence); represents the meaning of the sentence in a machine-readable way.

After analysing the text, task-specific modules can perform other operations, such as automatic summarisation and database look-ups.

In the remainder of this section, we firstly introduce the core application areas for language technology, and follow this with a brief overview of the state of LT research and education today, and a description of past and present research programmes. Finally, we present an expert estimate of core LT tools and resources for Dutch in terms of various dimensions such as availability, maturity and quality. The general situation of LT for the

Dutch language is summarised in a matrix (figure 7). Tools and resources that are boldfaced in the text can also be found in figure 7 (p. 65) at the end of this chapter. LT support for Dutch is also compared to other languages that are part of this series.

4.2 CORE APPLICATION AREAS

In this section, we focus on the most important LT tools and resources, and provide an overview of LT activities.

4.2.1 Language Checking

Anyone who has used a word processor such as Microsoft Word knows that it has a spell checker that highlights spelling mistakes and proposes corrections. The first spelling correction programs compared a list of extracted words against a dictionary of correctly spelled

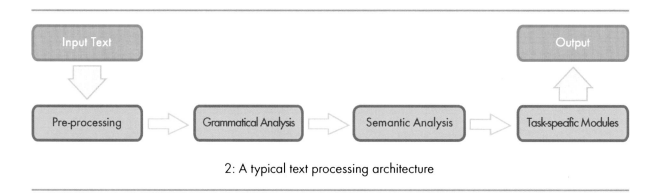

2: A typical text processing architecture

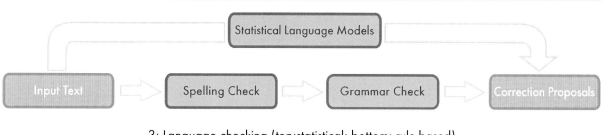

3: Language checking (top:statistical; bottom: rule-based)

words. Today these programs are far more sophisticated. Using language-dependent algorithms for **grammatical analysis**, they detect errors related to morphology (e. g., plural formation) as well as syntax–related errors, such as a missing verb or a conflict of verb-subject agreement (e. g., *she *write a letter*). However, most spell checkers will not find any errors in the following text [42]:

> I have a spelling checker,
> It came with my PC.
> It plane lee marks four my revue
> Miss steaks aye can knot sea.

For handling this type of errors, analysis of the context is needed in many cases, e. g., for deciding whether a verb has to be written with *dt* or *d* at the end in Dutch, as in:

- Hij heeft het dier *verwond.*
  (He has injured the animal)
- Hij *verwondt* het dier.
  (He injures the animal.)

This either requires the formulation of language-specific **grammar** rules, i. e., a high degree of expertise and manual labour, or the use of a so-called statistical language model. Such models calculate the probability of a particular word occurring in a specific environment (i. e., the preceding and following words). A statistical language model can be automatically derived using a large amount of (correct) language data (i. e., a corpus). Up to now, these approaches have mostly been developed and evaluated on English language data. However, they do not necessarily transfer straightforwardly to Dutch with its more flexible word order, verb particle combinations, compounds, and crossing dependencies. For example, *hij verwond* is a much more frequent word sequence than *hij verwondt*, as a simple Google search teaches us. Language checking is not limited to word processors; it is also used in "authoring support systems", i. e., software environments in which manuals and other types of technical documentation for complex IT, healthcare, engineering and other products, are written. To offset customer complaints about incorrect use and damage claims resulting from poorly understood instructions, companies are increasingly focusing on the quality of technical documentation while targeting the international market (via translation or localisation) at the same time. Advances in natural language processing have led to the development of authoring support software, which helps the writer of technical documentation to use vocabulary and sentence structures that are consistent with industry rules and (corporate) terminology restrictions.

> Language checking is not limited to word processors, but also applies to authoring support systems.

Proofing tools for Dutch that were incorporated in Microsoft products were developed in the past by Lernout & Hauspie, independently later by Polderland, and this

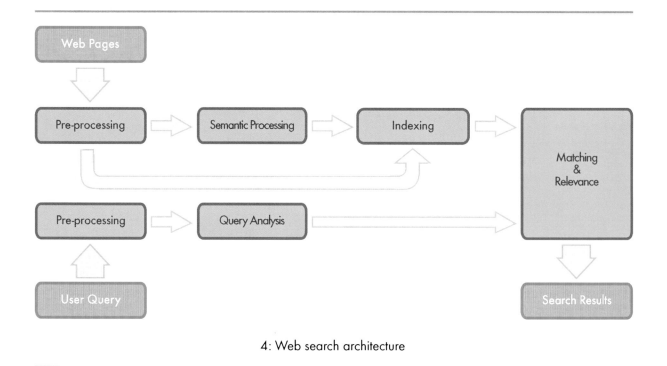

4: Web search architecture

software is currently maintained and further developed by Knowledge Concepts. Other companies active in this area are *TALŌ BV and Carp technologies.

Besides spell checkers and authoring support, Language Checking is also important in the field of computer-assisted language learning and is applied to automatically correct queries sent to Web Search engines, e. g., Google's 'Did you mean...' suggestions.

4.2.2 Web Search

Searching the Web, intranets or digital libraries is probably the most widely used yet largely underdeveloped language technology application today. The search engine Google, which started in 1998, is nowadays used for about 80% of all search queries world-wide [43]. The verb *googelen* even has an entry in the Dutch Van Dale dictionary. The Google search interface and results page display has not significantly changed since the first version. However, in the current version, Google offers spelling correction for misspelled words and incorporates basic semantic search capabilities that can improve

search accuracy by analysing the meaning of terms in a search query context [44]. The Google success story shows that a large volume of data and efficient indexing techniques can deliver satisfactory results using a statistical approach to language processing.

For more sophisticated information requests, it is essential to integrate deeper linguistic knowledge to facilitate text interpretation. Experiments using **lexical resources** such as machine-readable thesauri or ontological language resources like WordNet (or the equivalent Dutch EuroWordNet) have demonstrated improvements in finding pages using synonyms of the original search terms, such as *Atomkraft* [atomic energy], *Kernenergie* [atomic power] and *Nuklearenergie* [nuclear energy], or even more loosely related terms.

The next generation of search engines will have to include much more sophisticated language technology, especially to deal with search queries consisting of a question or other sentence type rather than a list of keywords. For the query, *Give me a list of all companies that were taken over by other companies in the last five years*, a syntactic as well as **semantic analysis** is required. The system also needs to provide an index to quickly retrieve relevant documents. A satisfactory answer will require syntactic parsing to analyse the grammatical structure of the sentence and determine that the user wants companies that have been acquired, rather than companies that have acquired other companies. For the expression *last five years*, the system needs to determine the relevant range of years, taking into account the present year. The query then needs to be matched against a huge amount of unstructured data to find the pieces of information that are relevant to the user's request. This process is called information retrieval, and involves searching and ranking relevant documents. To generate a list of companies, the system also needs to recognise a particular string of words in a document represents a company name, using a process called named entity recognition. A more demanding challenge is matching a query in one language with documents in another language. Cross-lingual information retrieval involves automatically translating the query into all possible source languages and then translating the results back into the user's target language.

The next generation of search engines will have to include much more sophisticated language technology.

Now that data is increasingly found in non-textual formats, there is a need for services that deliver multimedia information retrieval by searching images, audio files and video data. In the case of audio and video files, a speech recognition module must convert the speech content into text (or into a phonetic representation) that can then be matched against a user query.

In the Netherlands, several companies are active in these domains, including AskNow Solutions, Carp Technologies, GridLine, Irion Technologies, Knowledge Con-

cepts, MediaLab Solutions, RightNow! (formerly Q-Go), TextKernel, and others. In Belgium Natlanco, InterSystems (formerly i.Know), ICMS, Aktor Technologies, Mentoring Systems and CrossMinder are active in these areas.

These companies focus their development on providing add-ons and advanced search engines for special interest portals by using topic-relevant semantics. Due to the constant high demand for processing power, such search engines are only cost-effective when handling relatively small **text corpora**. The processing time is several thousand times higher than that needed by a standard statistical search engine like Google. These search engines are in high demand for topic-specific domain modelling, but they cannot be used on the Web with its billions and billions of documents.

4.2.3 Speech Interaction

Speech interaction is one of many application areas that depend on speech technology, i. e., technologies for processing spoken language. Speech interaction technology is used to create interfaces that enable users to interact in spoken language instead of using a graphical display, keyboard and mouse. Today, these voice user interfaces (VUI) are used for partially or fully automated telephone services provided by companies to customers, employees or partners. Business domains that rely heavily on VUIs include banking, supply chain, public transportation, and telecommunications. Other uses of speech interaction technology include interfaces to car navigation systems and the use of spoken language as an alternative to the graphical or touchscreen interfaces in smartphones.

Speech interaction technology comprises four technologies:

1. Automatic **speech recognition** (ASR) determines which words are actually spoken in a given sequence of sounds uttered by a user.

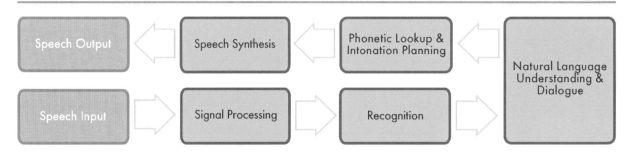

| Speech Output | ← | Speech Synthesis | ← | Phonetic Lookup & Intonation Planning | ← | |
| Speech Input | → | Signal Processing | → | Recognition | → | Natural Language Understanding & Dialogue |

5: Speech-based dialogue system

2. Natural language understanding analyses the syntactic structure of a user's utterance and interprets it according to the system in question.

3. Dialogue management determines which action to take given the user input and system functionality.

4. **Speech synthesis** (text-to-speech or TTS) transforms the system's reply into sounds for the user.

Speech interaction is the basis for interfaces that allow a user to interact with spoken language.

One of the major challenges of ASR systems is to accurately recognise the words a user utters. This means restricting the range of possible user utterances to a limited set of keywords, or manually creating language models that cover a large range of natural language utterances. Using machine learning techniques, language models can also be generated automatically from **speech corpora**, i. e., large collections of speech audio files and text transcriptions. Restricting utterances usually forces people to use the voice user interface in a rigid way and can damage user acceptance; but the creation, tuning and maintenance of rich language models will significantly increase costs. VUIs that employ language models and initially allow a user to express their intent more flexibly — prompted by a *How may I help you?* greeting — tend to be automated and are better accepted by users.

Companies tend to use utterances pre-recorded by professional speakers for generating the output of the voice user interface. For static utterances where the wording does not depend on particular contexts of use or personal user data, this can deliver a rich user experience. But more dynamic content in an utterance may suffer from unnatural intonation because different parts of audio files have simply been strung together. Through optimisation, today's TTS systems are getting better at producing natural-sounding dynamic utterances.

Interfaces in speech interaction have been considerably standardised during the last decade in terms of their various technological components. There has also been strong market consolidation in speech recognition and speech synthesis. The national markets in the G20 countries (economically resilient countries with high populations) have been dominated by just five global players, with Nuance (USA) and Loquendo (Italy) being the most prominent players in Europe. In 2011, Nuance announced the acquisition of Loquendo, which represents a further step in market consolidation.

On the Dutch TTS market, there are additional smaller companies like Acapela, based in Wallonia, SVOX, headquartered in Switzerland (now also acquired by Nuance), and Fluency, based in Amsterdam. There are many companies that are active in using TTS and ASR technology in applications and services. These include Advance Voice Technology, DB-Scape, Dialogs Unlimited, DutchEar, G2 Speech, Logica, OrcaVoice, Quentris, Telecats, TomTom and Voice Data Bridge. Several companies and foundations focus on applications for user groups with specific demands such as physically handicapped people, dyslectic people, and elderly. These include Axendo, Cochlear Benelux, Dedicon, JABBLA, Kamelego, Lexima, rdgKompagne, Sensotec NV, and VoiceCore.

Regarding dialogue management technology and know-how, some relevant companies are Carp technologies, Irion, RightNow! (formerly Q-Go) and RE-Phrase for text-based applications, and Dialogs Unlimited, DutchEar, Telecats, and Voice Data Bridge for speech-based applications. Within the domain of speech interaction, a genuine market for the linguistic core technologies for syntactic and semantic analysis does not exist yet.

As for the actual employment of VUIs, demand has increased within the last 5 years. This tendency has been driven by end customers' increasing demand for customer self-service and the considerable cost optimisation aspect of automated telephone services, as well as by a significantly increased acceptance of spoken language as a modality for man-machine interaction.

Looking beyond today's state of technology, there will be significant changes due to the spread of smart phones as a new platform for managing customer relationships – in addition to the telephone, internet, and email channels. This tendency will also affect the employment of speech technology. On the one hand, demand for telephony-based VUIs will decrease, on the long run. On the other hand, the usage of spoken language as a user-friendly input modality for smart phones will gain significant importance. This tendency is supported by the observable improvement of speaker-independent speech recognition accuracy for speech dictation services that are already offered as centralised services to smart phone users. Given this 'outsourcing' of the recog-

nition task to the infrastructure of applications, the application-specific employment of linguistic core technologies will supposedly gain importance compared to the present situation.

4.2.4 Machine Translation

The idea of using digital computers to translate natural languages can be traced back to 1946 and was followed by substantial funding for research during the 1950s and again in the 1980s. Yet **machine translation** (MT) still cannot deliver on its initial promise of providing across-the-board automated translation.

At its basic level, Machine Translation simply substitutes words in one natural language with words in another language.

The most basic approach to machine translation is the automatic replacement of the words in a text written in one natural language with the equivalent words of another language. This can be useful in subject domains that have a very restricted, formulaic language such as weather reports. However, in order to produce a good translation of less restricted texts, larger text units (phrases, sentences, or even whole passages) need to be matched to their closest counterparts in the target language. The major difficulty is that human language is ambiguous. Ambiguity creates challenges on multiple levels, such as word sense disambiguation at the lexical level (e. g., *graven* can mean 'counts', 'graves' or 'to dig') or the interpretation of relative pronouns (as subject or as object) on the syntactic level as in:

De man die de vrouw zag.
(The man who saw the woman.) or
(The man who the woman saw.)

One way to build an MT system is to use linguistic rules. For translations between closely related languages,

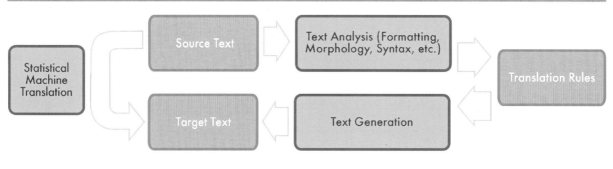

6: Machine translation (left: statistical; right: rule-based)

a translation using direct substitution may be feasible in cases such as the above example. However, rule-based (or linguistic knowledge-driven) systems often analyse the input text and create an intermediary symbolic representation from which the target language text can be generated. The success of these methods is highly dependent on the availability of extensive lexicons with morphological, syntactic, and semantic information, and large sets of grammar rules carefully designed by skilled linguists. This is a very long and therefore costly process.

In the late 1980s when computational power increased and became cheaper, interest in statistical models for machine translation began to grow. Statistical models are derived from analysing bilingual text corpora, **parallel corpora**, such as the Europarl parallel corpus, which contains the proceedings of the European Parliament in 21 European languages. Given enough data, statistical MT works well enough to derive an approximate meaning of a foreign language text. Unlike knowledge-driven systems, however, statistical (or data-driven) MT systems often generate ungrammatical output. Data-driven MT is advantageous because less human effort is required, and it can also cover special particularities of the language (e. g., idiomatic expressions) that are often ignored in knowledge-driven systems.

The strengths and weaknesses of knowledge-driven and data-driven machine translation tend to be complementary, so that nowadays researchers focus on hybrid ap-

proaches that combine both methodologies. One such approach uses both knowledge-driven and data-driven systems, together with a selection module that decides on the best output for each sentence. However, results for sentences longer than, say, 12 words, will often be far from perfect. A more effective solution is to combine the best parts of each sentence from multiple outputs; this can be fairly complex, as corresponding parts of multiple alternatives are not always obvious and need to be aligned.

Machine Translation is particularly challenging for the Dutch language.

For Dutch, MT is particularly challenging. The possibility of creating arbitrary new words by compounding makes dictionary analysis and dictionary coverage difficult; rather free word order, split verb constructions and R-pronouns pose problems for analysis.

Leading commercial MT systems from the past like Systran, Globalink, LOGOS, METAL (and its spin-offs, LANT (currently Xplanation), GMS and Lucy Software), LMT developed by IBM (forming the basis for Linguatec and Lingenio) never covered the Dutch language, probably because it was not interesting to do so from a commercial point of view. Only some research systems for Dutch were developed, partially in companies (Philips: Rosetta, BSO: Distributed Translation) and partially in academia (Utrecht University & KU Leuven: Eurotra). Translation systems for Dutch were only produced when funded. For example, METAL produced a Dutch-French MT system for the ministries of Agriculture and Internal Affairs, and after the Dutch Language Union issued a call for the development of MT systems translating between Dutch on the one hand and English and French on the other in 1999 [46], funded by public money, Systran developed such systems in the context of the NL-Translex project.

All systems mentioned above were knowledge-based. With the rise of statistical MT, Dutch has become a language quite generally covered. It is included in the 52 languages Google Translate offers and in the 24 languages SDL Language Weaver offers.

The use of machine translation can significantly increase productivity provided the system is intelligently adapted to user-specific terminology and integrated into a workflow. Most MT companies stress that they can rapidly adapt their standard systems to company-specific dictionaries, terminology and translation memories, thereby increasing MT quality significantly.

There is still a huge potential for improving the quality of MT systems. The challenges involve adapting language resources to a given subject domain or user area, and integrating the technology into workflows that already have term bases and translation memories. Another problem is that most of the current systems are English-centred and only support a few languages from and into Dutch. This leads to friction in the translation workflow and forces MT users to learn different lexicon coding tools for different systems.

Evaluation campaigns help to compare the quality of MT systems, the different approaches and the status of the systems for different language pairs. Figure 7 (p. 26), which was prepared during the EC Euromatrix+ project, shows the pair-wise performances obtained for 22 of the 23 official EU languages (Irish was not com-

pared). The results are ranked according to a BLEU score, which indicates higher scores for better translations [47]. A human translator would normally achieve a score of around 80 points.

The best results (in green and blue) were achieved by languages that benefit from a considerable research effort in coordinated programmes and the existence of many parallel corpora (e. g., English, French, Dutch, Spanish and German). The languages with poorer results are shown in red. These languages either lack such development efforts or are structurally very different from other languages (e. g., Hungarian, Maltese and Finnish).

4.3 LANGUAGE TECHNOLOGY BEHIND THE SCENES

Building language technology applications involves a range of subtasks that do not always surface at the level of interaction with the user, but they provide significant service functionalities "behind the scenes" of the system in question. They all form important research issues that have now evolved into individual sub-disciplines of computational linguistics. Question answering, for example, is an active area of research for which annotated corpora have been built and scientific competitions have been initiated. The concept of question answering goes beyond keyword-based searches (in which the search engine responds by delivering a collection of potentially relevant documents) and enables users to ask a concrete question to which the system provides a single answer. For example:

Question: How old was Neil Armstrong when he stepped on the moon?

Answer: 38.

While question answering is obviously related to the core area of web search, it is nowadays an umbrella term for such research issues as which different types of questions exist, and how they should be handled; how a set of documents that potentially contain the answer can be analysed and compared (do they provide conflicting answers?); and how specific information (the answer) can be reliably extracted from a document without ignoring the context.

Language technology applications often provide significant service functionalities behind the scenes of larger software systems.

Question answering is in turn related to information extraction (IE), an area that was extremely popular and influential when computational linguistics took a statistical turn in the early 1990s. IE aims to identify specific pieces of information in specific classes of documents, such as the key players in company takeovers as reported in newspaper stories. Another common scenario that has been studied is reports on terrorist incidents. The task here consists of mapping appropriate parts of the text to a template that specifies the perpetrator, target, time, location and results of the incident. Domain-specific template-filling is the central characteristic of IE, which makes it another example of a "behind the scenes" technology that forms a well-demarcated research area, which in practice needs to be embedded into a suitable application environment.

Text summarisation and **text generation** are two borderline areas that can act either as standalone applications or play a supporting role. Summarisation attempts to give the essentials of a long text in a short form, is used in virtually every web search engine, and is one of the features available in Microsoft Word. It mostly uses a statistical approach to identify the "important" words in a text (i. e., words that occur very frequently in the text in question but less frequently in general language use) and determine which sentences contain the most

of these "important" words. These sentences are then extracted and put together to create the summary. In this very common commercial scenario, summarisation is simply a form of sentence extraction, and the text is reduced to a subset of its sentences. An alternative approach, for which some research has been carried out, is to generate brand new sentences that do not exist in the source text.

For the Dutch language, research in most text technologies is much less developed than for the English language.

For Dutch, the situation in all these research areas is much less developed than it is for English, where question answering, information extraction, and summarisation have since the 1990s been the subject of numerous open competitions, primarily those organised by DARPA/NIST in the United States. These have significantly improved the state of the art, but the focus has always been on English; some competitions have added multilingual tracks, but Dutch was never prominent, though some challenges are organised from Flanders [48]. Nevertheless, work on question answering was promoted by the IMIX programme that focused on Interactive Multimodal Information eXtraction applied to Dutch resources [49]. In this programme, question answering systems, with speech input and output, supporting follow-up questions were developed for the general domain and one specific for the medical domain. In addition, systems to generate textual output in combination with other modalities, and dialogue managers to connect all these systems were developed. The company RightNow (formerly Q-GO) from the Netherlands has been very successful in the area of textual question answer systems operating via chats or e-mail. Eindhoven University (IPO) has worked on a language and speech generation system, that has later been acquired by Polderland (and probably now resides with Knowledge Concepts), but it appears hardly to have been used outside its original purpose [50]. Tilburg University has worked on multi-document summarisation (integrating different messages on the same topic) in the STEVIN DAESO project [51]. Nevertheless, there are hardly any annotated corpora or other resources for these tasks.

4.4 LANGUAGE TECHNOLOGY RESEARCH AND EDUCATION

In academia there are a number of excellent centres in the area of human language technology, e.g. KU Leuven, Ghent university, Radboud University Nijmegen and University of Twente for speech technology, Tilburg and Antwerp universities for machine learning techniques, Utrecht University, and Leuven for text technology and machine translation, Groningen and Amsterdam for parsing, Amsterdam for sentiment mining and parsing, etc. It is, however, very difficult to attract students for the LT field. Possible causes for this may be the relative low visibility of LT in the university curricula and the fact that many LT research groups are in the humanities departments(students there do not easily take a technical view on language, as is required for LT).

The academic players in the Netherlands and Flanders do not necessarily focus on the Dutch language: in research the focus is typically on English in order to be able to make sensible comparisons with results from researchers abroad. Nevertheless, several researchers are active in the area of Computer Aided Language Learning (CALL), where language and speech technology is used to increase language skills of first and second language learners. Relevant organisations include RU Nijmegen, University of Antwerp Linguapolis and KU-LAK.

4.5 LANGUAGE TECHNOLOGY INDUSTRY AND PROGRAMS

4.5.1 Language Technology Industry

The LT field in the Netherlands and Belgium consist of many organisations, both industry (some 65) and knowledge centres (44) [52]. The sector is reasonably well organised, with an active professional organisation NOTaS [53] in the Netherlands consisting of 15 industrial and academic partners, the Flemish research community cooperating in CLIF [54], and intense cooperation in the last decade between players from the Netherlands and Flanders, and from industry and academia in the joint Netherlands-Flanders LT programmes CGN (Spoken Dutch Corpus) [55] and especially STEVIN [12]. The SMEs in Flanders, however, are acting individually, and have not organised themselves in a sector, which makes them relatively invisible.

Most industrial players are very small SMEs and have to struggle every day to survive, or they are small departments in a company that has a different focus for its core business activities. Nevertheless, some SMEs are quite successful and have been able to build up a stable business. Most SMEs in the area of speech technology are system integrators, application developers, or service providers. The actual development of technology, at least in speech technology, has been concentrated in a very few number of players (e. g., Nuance).

One problem for marketing is that LT is not clearly visible because it is hidden in a more encompassing product or service used by many (e. g., web search, texting on mobile phones, etc.).

Even though there are many players in the Netherlands and Flanders, this does not imply that their focus is also on the Dutch language. For industry, the Dutch language is commercially less interesting than other languages, and the necessary investments can often not be justified by the small Dutch-language market.

4.5.2 Language Technology Programs

Activities for the Dutch language have to be promoted and supported explicitly. Fortunately, this has been done in several programmes and projects over the last one and a half decade. Thus a Dutch language spoken train information system was developed as a carrier for research in speech analysis and generation, in language analysis and generation, and in dialogue management in the OVIS programme in the late nineties. The NL-Translex project was already mentioned above. Flanders had a short term programme on LT in the mid nineties. The IMIX programme, mentioned above, carried out research using systems for the Dutch language. In the IOP MMI (Innovation Research Programme on Man Machine Interaction) and CATCH [56] programs language and speech technology have been used as tools for man machine interfaces and disclosing cultural heritage. Most prominent in their focus on the Dutch language are the joint Netherlands-Flanders CGN and STEVIN programmes. These have yielded significant progress in the availability of basic resources (data and tools) for the Dutch language, some initial research and several end user applications. Though some of the results achieved in these projects can be exploited in industry and in academia (e. g., in the CLARIN-NL research infrastructure [57]) the prospects for optimally exploiting these results in actual research and in industry further are grim, since it appears not to have the focus of attention of the government in the Netherlands, and research has been reorganised so that it has become more difficult to get funding for discipline-specific programmes.

The situation is probably a bit more positive in Flanders, though. Furthermore, some prerequisites for exploiting the potential are in place, such as visibility and accessibility of the resources produced in earlier programmes via the TST-Centrale (Dutch HLT Agency).

The programmes mentioned also contributed significantly to bringing together the speech and language technology communities, which until recently were heterogeneous communities and operated quite separated from each other. These disciplines are distributed over computer or engineering science faculties (speech technology in Flanders, and in Twente; some language technology) and the humanities faculties (most though not all language technology) and generally meet in several separate conferences. The only exception may be the LREC conference [58], which however has a specific focus on language resources and evaluation.

It is generally expected that the role of LT is going to be boosted enormously by the increasing growth of content that is ubiquitously available via an increasing amount of small mobile devices with large computational power (smart phones, iPad, etc.) and continuous access to the internet. Such devices have a relatively small screen, and no or primitive keyboards, which makes the use of speech increasingly more natural and necessary, and the amount of information they must search, summarise, translate or otherwise process requires an enormous boost in LT technology.

It is therefore of the utmost importance that the activities started with the CGN and STEVIN programmes are continued, so that the scientific and commercial opportunities lying around the corner are optimally taken advantage of and the Dutch language and their native speakers can play a lasting role in the modern information and communication society also at the European level. As we have seen, previous programmes have led to the development of a number of LT tools and resources for the Dutch language. The following section summarises the current state of LT support for Dutch.

4.6 AVAILABILITY OF TOOLS AND RESOURCES

Figure 7 provides a rating for language technology support for the Dutch language. This rating of existing tools

	Quantity	Availability	Quality	Coverage	Maturity	Sustainability	Adaptability
Language Technology: Tools, Technologies and Applications							
Speech Recognition	2.4	4.8	4.8	3.6	4.8	4.8	2.4
Speech Synthesis	2.4	2.4	4.8	4.8	4.8	3.6	1.2
Grammatical Analysis	3.6	5.4	4.8	3.6	4.8	3.6	1.8
Semantic Analysis	0.8	4	3	3	2.4	1.6	1.6
Text Generation	1.2	2.4	3.6	3	2.4	2.4	2.4
Machine Translation	6	6	2.4	4.8	3.6	1.2	2.4
Sprachressourcen: Ressourcen, Daten und Wissensbanken							
Text corpora	2.4	6	4.8	2.4	4.2	4.8	2.4
Speech corpora	2.4	4.8	6	4.8	4.8	4.8	1.2
Parallel corpora	1.2	6	3.6	2.4	4.8	2.4	1.2
Lexical resources	3	4.8	4.2	3.7	4.2	4.8	1.2
Grammars	1.2	4.8	3.6	2.5	4.8	2.4	1.2

7: State of language technology support for Dutch

and resources was generated by leading experts in the field who provided estimates based on a scale from 0 (very low) to 6 (very high) using seven criteria.

The key results for Dutch language technology can be summed up as follows:

- Speech processing currently seems to be more mature than processing of written text (though more complex applications still pose serious challenges to speech technology).

- Advanced information access technologies are in their infancies (Information Extraction, Question Answering, Advanced Discourse Processing, Summarisation, etc.).

- The more linguistic and semantic knowledge a tool takes into account, the more gaps exist (see, e. g., information retrieval v. text semantics); more efforts

for supporting deep linguistic processing are needed.

- Research was successful in designing particular high quality software, but many of the resources lack standardisation and especially interoperability; concerted programs and initiatives are needed to make data and tools truly interoperable.

- For Dutch, many resources created with public money in the recent LT programmes are either open source or stored, maintained and distributed by the HLT Agency and easily and cheaply accessible. (cf. the high scores for Availability for Text Analysis, Text Interpretation, Text and Speech Corpora)

- Annotated corpora with semantic structures are available but minimal in size and depth of annotation. Annotated corpora with discourse structures are lacking almost completely.

- Parallel corpora for machine translation are available but in quantities that are too small for proper development of MT systems. MT, and especially statistical MT, needs huge amounts of (parallel) data to perform reasonably.

- Multimedia data is a huge gap.

From this, it is clear that more efforts need to be directed into the creation of resources for Dutch and into research, innovation, and development. The need for large amounts of data and the high complexity of language technology systems make it also mandatory to develop new infrastructures for sharing and cooperation.

4.7 CROSS-LANGUAGE COMPARISON

The current state of LT support varies considerably from one language community to another. In order to compare the situation between languages, this section will present an evaluation based on two sample application areas (machine translation and speech processing) and one underlying technology (text analysis), as well as basic resources needed for building LT applications. The languages were categorised using the following five-point scale:

1. Excellent support
2. Good support
3. Moderate support
4. Fragmentary support
5. Weak or no support

Language Technology support was measured according to the following criteria:

Speech Processing: Quality of existing speech recognition technologies, quality of existing speech synthesis technologies, coverage of domains, number and size of existing speech corpora, amount and variety of available speech-based applications.

Machine Translation: Quality of existing MT technologies, number of language pairs covered, coverage of linguistic phenomena and domains, quality and size of existing parallel corpora, amount and variety of available MT applications.

Text Analysis: Quality and coverage of existing text analysis technologies (morphology, syntax, semantics), coverage of linguistic phenomena and domains, amount and variety of available applications, quality and size of existing (annotated) text corpora, quality and coverage of existing lexical resources (e. g., WordNet) and grammars.

Resources: Quality and size of existing text corpora, speech corpora and parallel corpora, quality and coverage of existing lexical resources and grammars.

Figures 8 to 11 show that, thanks to large-scale LT funding in recent decades, the Dutch language is better equipped than most other languages. It compares well with 'bigger' languages such as French and German. But LT resources and tools for Dutch clearly do not yet reach the quality and coverage of comparable resources and tools for the English language, which is in the lead in almost all LT areas. And there are still plenty of gaps in English language resources with regard to high quality applications.

For speech processing, current technologies perform well enough to be successfully integrated into a number of industrial applications such as spoken dialogue and dictation systems. Today's text analysis components and language resources already cover the linguistic phenomena of Dutch to a certain extent and form part of many applications involving mostly shallow natural language processing, e. g., spelling correction and authoring support.

However, for building more sophisticated applications, such as machine translation, there is a clear need for resources and technologies that cover a wider range of linguistic aspects and allow a deep semantic analysis of the input text. By improving the quality and coverage of these basic resources and technologies, we shall be able to open up new opportunities for tackling a vast range of advanced application areas, including high-quality machine translation.

4.8 CONCLUSIONS

In this series of white papers, we have made an important effort by assessing the language technology support for 30 European languages, and by providing a high-level comparison across these languages. By identifying the gaps, needs and deficits, the European language technology community and its related stakeholders are now in a position to design a large scale research and development programme aimed at building a truly multilingual, technology-enabled communication across Europe.

The results of this white paper series show that there is a dramatic difference in language technology support between the various European languages. While there are good quality software and resources available for some languages and application areas, others, usually smaller languages, have substantial gaps. Many languages lack basic technologies for text analysis and the essential resources. Others have basic tools and resources but the implementation of for example semantic methods is still far away. Therefore a large-scale effort is needed to attain the ambitious goal of providing high-quality language technology support for all European languages, for example through high quality machine translation.

The situation of Dutch concerning language technology support gives rise to cautious optimism. Supported by larger research programs in the past, there exists a language technology industry and research scene in the

Low Countries, which consists mostly of SMEs but is already partially organised.

For standard Dutch, a number of technologies and resources exist, but far less than for English. As has been shown by several past studies on specific areas of language technology such as EuromatrixPlus, Dutch plays in Europe's third league together with German and French and few other languages. Though English goes in the lead in with regard to language technology support, it still only plays in the second league, since there is no language for which the language technology support today is in a state that is needed for offering the support a true multilingual knowledge society needs.

Our findings show that the Low Countries, after the successful CGN and STEVIN programmes should persist, and continue the development of language technology resources and use them to drive forward research, innovation and development. The need for large amounts of data and the extreme complexity of language technology systems makes it vital to develop a new infrastructure and a more coherent research organisation to spur greater sharing and cooperation.

Finally there is a lack of continuity in research and development funding. Short-term coordinated programmes tend to alternate with periods of sparse or zero funding. In addition, there is an overall lack of coordination with programmes in other EU countries and at the European Commission level.

The long term goal of META-NET is to enable the creation of high-quality language technology for all languages. This requires all stakeholders – in politics, research, business, and society – to unite their efforts. The resulting technology will help tear down existing barriers and build bridges between Europe's languages, paving the way for political and economic unity through cultural diversity.

Excellent support	Good support	Moderate support	Fragmentary support	Weak/no support
	English	Czech	Basque	Croatian
		Dutch	Bulgarian	Icelandic
		Finnish	Catalan	Latvian
		French	Danish	Lithuanian
		German	Estonian	Maltese
		Italian	Galician	Romanian
		Portuguese	Greek	
		Spanish	Hungarian	
			Irish	
			Norwegian	
			Polish	
			Serbian	
			Slovak	
			Slovene	
			Swedish	

8: Speech processing: state of language technology support for 30 European languages

Excellent support	Good support	Moderate support	Fragmentary support	Weak/no support
	English	French	Catalan	Basque
		Spanish	**Dutch**	Bulgarian
			German	Croatian
			Hungarian	Czech
			Italian	Danish
			Polish	Estonian
			Romanian	Finnish
				Galician
				Greek
				Icelandic
				Irish
				Latvian
				Lithuanian
				Maltese
				Norwegian
				Portuguese
				Serbian
				Slovak
				Slovene
				Swedish

9: Machine translation: state of language technology support for 30 European languages

Excellent support	Good support	Moderate support	Fragmentary support	Weak/no support
	English	**Dutch**	Basque	Croatian
		French	Bulgarian	Estonian
		German	Catalan	Icelandic
		Italian	Czech	Irish
		Spanish	Danish	Latvian
			Finnish	Lithuanian
			Galician	Maltese
			Greek	Serbian
			Hungarian	
			Norwegian	
			Polish	
			Portuguese	
			Romanian	
			Slovak	
			Slovene	
			Swedish	

10: Text analysis: state of language technology support for 30 European languages

Excellent support	Good support	Moderate support	Fragmentary support	Weak/no support
	English	Czech	Basque	Icelandic
		Dutch	Bulgarian	Irish
		French	Catalan	Latvian
		German	Croatian	Lithuanian
		Hungarian	Danish	Maltese
		Italian	Estonian	
		Polish	Finnish	
		Spanish	Galician	
		Swedish	Greek	
			Norwegian	
			Portuguese	
			Romanian	
			Serbian	
			Slovak	
			Slovene	

11: Speech and text resources: State of support for 30 European languages

5

ABOUT META-NET

META-NET is a Network of Excellence partially funded by the European Commission [59]. The network currently consists of 54 research centres from 33 European countries. META-NET fosters **META**, the Multilingual Europe Technology Alliance, a growing community of language technology professionals and organisations in Europe. META-NET fosters the technological foundations for a truly multilingual European information society that:

- makes communication and cooperation possible across languages;
- grants all Europeans equal access to information and knowledge regardless of their language;
- builds upon and advances functionalities of networked information technology.

The network supports a Europe that unites as a single digital market and information space. It stimulates and promotes multilingual technologies for all European languages. These technologies enable automatic translation, content production, information processing and knowledge management for a wide variety of applications and subject domains. They also enable intuitive language-based interfaces to technology ranging from household electronics, machinery and vehicles to computers and robots.

Launched on 1 February 2010, META-NET has already conducted several activities in its three lines of action META-VISION, META-SHARE and META-RESEARCH.

META-VISION fosters a dynamic and influential stakeholder community that unites around a shared vision and a common strategic research agenda (SRA). The main focus of this activity is to build a coherent and cohesive LT community in Europe by bringing together representatives from highly fragmented and diverse groups of stakeholders. The present White Paper was prepared together with volumes for 29 other languages. The shared technology vision was developed in three sectorial Vision Groups. The META Technology Council was established in order to discuss and to prepare the SRA based on the vision in close interaction with the entire LT community.

META-SHARE creates an open, distributed facility for exchanging and sharing resources. The peer-to-peer network of repositories will contain language data, tools and web services that are documented with high-quality metadata and organised in standardised categories. The resources can be readily accessed and uniformly searched. The available resources include free, open source materials as well as restricted, commercially available, fee-based items.

META-RESEARCH builds bridges to related technology fields. This activity seeks to leverage advances in other fields and to capitalise on innovative research that can benefit language technology. In particular, the action line focuses on conducting leading-edge research in machine translation, collecting data, preparing data sets and organising language resources for evaluation purposes; compiling inventories of tools and methods; and organising workshops and training events for members of the community.

office@meta-net.eu – http://www.meta-net.eu

A

BIBLIOGRAFIE REFERENCES

[1] Aljoscha Burchardt, Markus Egg, Kathrin Eichler, Brigitte Krenn, Jörn Kreutel, Annette Leßmöllmann, Georg Rehm, Manfred Stede, Hans Uszkoreit, and Martin Volk. *Die Deutsche Sprache im Digitalen Zeitalter — The German Language in the Digital Age (Het Duits in het Digitale Tijdperk)*. Springer, 2012.

[2] *User language preferences online (Online Taalvoorkeuren van Gebruikers)*, number 313 in Flash Eurobarometer. European Commission Directorate-General Information Society and Media (Directoraat-Generaal Informatiemaatschappij en Media van de Europese Commissie), 2011. http://ec.europa.eu/public_opinion/flash/fl_313_en.pdf.

[3] European Commission (Europese Commissie), editor. *Multilingualism: an asset for Europe and a shared commitment (Meertaligheid: Een Troef voor Europa en een Gezamenlijke Verplichting)*, Brussels, 2008. http://ec.europa.eu/languages/pdf/comm2008_en.pdf.

[4] Directorate-General of the UNESCO (Directoraat-Generaal van de UNESCO). Intersectoral Mid-term Strategy on Languages and Multilingualism (Intersectorale Middellange Termijn Strategie voor Talen en Meertaligheid), 2007. http://unesdoc.unesco.org/images/0015/001503/150335e.pdf.

[5] Directorate-General for Translation of the European Commission (Directoraat-Generaal voor Vertaling van de Europese Commissie). Size of the Language Industry in the EU (Omvang van de Taalindustrie in de EU), 2009. http://ec.europa.eu/dgs/translation/publications/studies.

[6] http://www.cbs.nl/nl-NL/menu/home/default.htm?Languageswitch=on.

[7] http://nl.wikipedia.org/wiki/Groene_Boekje.

[8] http://www.onzetaal.nl/dossier/spelling/wittespellers.php.

[9] http://www.onzetaal.nl/advies/wittespelling.php.

[10] http://grootdictee.nps.nl.

[11] Nicoline van der Sijs. *Groot Leenwoordenboek (Large Dictionary of Borrowings)*. Utrecht/Antwerpen, 2005.

[12] http://taalunieversum.org/taal/technologie/stevin/.

[13] http://taalunieversum.org/taalunie/.

[14] http://www.onzetaal.nl/ot/index.php.

[15] http://www.algemeennederlandsverbond.org.

[16] http://www.inl.nl.

[17] http://www.meertens.knaw.nl/cms/.

[18] http://www.huygensinstituut.knaw.nl.

[19] http://www.knaw.nl.

[20] http://www.inl.nl/tst-centrale.

[21] http://www.kantl.be.

[22] OECD. What Students Know and Can Do: Student Performance in Reading, Mathematics and Science (Wat Studenten Kennen en Kunnen: Studentenscores voor Lezen, Wiskunde en Wetenschap). http://www.oecd.org/dataoecd/54/12/46643496.pdf.

[23] http://taalunieversum.org/onderwijs/algemeen/.

[24] http://www.nlpvf.nl/vertalingendb/search1.php.

[25] Internet World Stats. Internet users in Europe (Internetgebruikers in Europa). http://www.internetworldstats.com/stats4.htm.

[26] Studiedienst van de Vlaamse Regering (Research Service of the Flemish Government). Vrind. http://www4.vlaanderen.be/dar/svr/Pages/2010-10-28-vrind2010.aspx, 2010. p. 188.

[27] All wikipedias ordered by number of articles (Alle Wikipedia's geordend naar aantal artikelen). http://meta.wikimedia.org/wiki/List_of_Wikipedias#All_Wikipedias_ordered_by_number_of_articles.

[28] http://www.webhosting.info/domains/country_stats/NL.

[29] http://www.let.ru.nl/ans/e-ans/index.html.

[30] Taalunieversum webpagina over het Nederlands: Feitjes en weetjes (Taalunieversum web page on Dutch: Facts and trivia). http://taalunieversum.org/taal/feiten_en_weetjes/.

[31] Nederlandse Wikipedia, entry Fries (gesproken in Nederland), http://nl.wikipedia.org/wiki/Westerlauwers_Fries.

[32] Nederlandse Wikipedia, entry Nederlands, http://nl.wikipedia.org/wiki/Nederlands.

[33] Nederlandse Wikipedia, entry Nedersaksisch, http://nl.wikipedia.org/wiki/Nedersaksisch.

[34] Dutch, Ethnologue. http://www.ethnologue.com/show_language.asp?code=nld.

[35] Languages of the Netherlands (Talen van Nederland), Ethnologue. http://www.ethnologue.com/show_country.asp?name=nl.

[36] Claudia Soria and Joseph Mariani. Report on existing projects and initiatives (Rapport over bestaande projecten en initiatieven). META-NET study, 2011. http://www.meta-net.eu/public_documents/t4me/META-NET-D11.3-Final.pdf.

[37] Andrew Joscelyne and Rose Lockwood. Benchmarking HLT progress in Europe, the EUROMAP study (Taaltechnologische vooruitgang in Europa vergelijken: De EUROMAP-studie). Euromap report, Copenhagen, 2–3. http://www.csc.fi/yhteistyo/tulokset/2003/euromap_report.

[38] Daniel Jurafsky and James H. Martin. *Speech and Language Processing (Spraak- en Taalverwerking)*. Prentice Hall, 2 edition, 2009.

[39] Christopher D. Manning and Hinrich Schütze. *Foundations of Statistical Natural Language Processing (Grondslagen van Statistische Verwerking van Natuurlijke Taal)*. MIT Press, 1999.

[40] Language Technology World (LT World). http://www.lt-world.org.

[41] Ronald Cole, Joseph Mariani, Hans Uszkoreit, Giovanni Battista Varile, Annie Zaenen, and Antonio Zampolli, editors. *Survey of the State of the Art in Human Language Technology (Overzicht van de Stand van Zaken in Taaltechnologie)*. Cambridge University Press, 1998.

[42] Jerrold H. Zar. Candidate for a Pullet Surprise (Kandidaat voor een Pullet Surprise). *Journal of Irreproducible Results (Tijdschrift voor Onreproduceerbare Resultaten)*, page 13 (First Verse), Jan./Feb. 1994.

[43] Spiegel Online. Google zieht weiter davon (Google laat iedereen achter). http://www.spiegel.de/netzwelt/web/0,1518,619398,00.html, 2009.

[44] Juan Carlos Perez. Google Rolls out Semantic Search Capabilities (Google Biedt Semantische Zoekmogelijkheden aan), 2009. http://www.pcworld.com/businesscenter/article/161869/google_rolls_out_semantic_search_capabilities.html.

[45] Philipp Koehn, Alexandra Birch, and Ralf Steinberger. 462 Machine Translation Systems for Europe (462 Automatisch Vertaalsystemen voor Europa). In *Proceedings of MT Summit XII*, 2009.

[46] Catia Cucchiarini, Johan Van Hoorde, and Elizabeth D'Halleweyn. NL-Translex: Machine translation for Dutch (NL-Translex: Automatische vertaling voor het Nederlands). In *Proceedings of LREC 2000*. ELRA, 2000. http://www.mt-archive.info/LREC-2000-Cucchiarini.pdf.

[47] K. Papineni, S. Roukos, T. Ward, and W.-J. Zhu. BLEU: A method for automatic evaluation of machine translation (BLEU: Een methode voor de automatische evaluatie van automatisch vertalen). In Proceedings of the 40th Annual Meeting of ACL.

[48] Els Lefever and Veronique Hoste. SemEval-2010 task 3: Cross-lingual word sense disambiguation (SemEval-2010 taak 3: Disambiguering van woordbetekenissen over talen heen). http://webs.hogent.be/~elef464/lt3_SemEval.html, 2010.

[49] http://www.nwo.nl/imix.

[50] Mariët Theune. Natural language generation for dialogue: system survey (Taalgeneratie voor dialoog: Systeemoverzicht). http://citeseerx.ist.psu.edu/viewdoc/download?doi=10.1.1.107.3398&rep=rep1&type=pdf, 2003.

[51] http://daeso.uvt.nl.

[52] http://taalunieversum.org/taal/technologie/organisaties/.

[53] http://www.notas.nl.

[54] http://clif.esat.kuleuven.be.

[55] http://lands.let.kun.nl/cgn/.

[56] http://www.nwo.nl/catch.

[57] http://www.clarin.nl.

[58] http://www.lrec-conf.org.

[59] Georg Rehm and Hans Uszkoreit. Multilingual Europe: A challenge for language technology (Meertalig Europa: Een uitdaging voor taaltechnologie). *MultiLingual*, 22(3):51–52, April/May 2011.

META-NET LEDEN   META-NET MEMBERS

België	Belgium	Computational Linguistics and Psycholinguistics Research Centre, University of Antwerp: Walter Daelemans
		Centre for Processing Speech and Images, University of Leuven: Dirk van Compernolle
Bulgarije	Bulgaria	Institute for Bulgarian Language, Bulgarian Academy of Sciences: Svetla Koeva
Cyprus	Cyprus	Language Centre, School of Humanities: Jack Burston
Duitsland	Germany	Language Technology Lab, DFKI: Hans Uszkoreit, Georg Rehm
		Human Language Technology and Pattern Recognition, RWTH Aachen University: Hermann Ney
		Department of Computational Linguistics, Saarland University: Manfred Pinkal
Denemarken	Denmark	Centre for Language Technology, University of Copenhagen: Bolette Sandford Pedersen, Bente Maegaard
Estland	Estonia	Institute of Computer Science, University of Tartu: Tiit Roosmaa, Kadri Vider
Finland	Finland	Computational Cognitive Systems Research Group, Aalto University: Timo Honkela
		Department of Modern Languages, University of Helsinki: Kimmo Koskenniemi, Krister Lindén
Frankrijk	France	Centre National de la Recherche Scientifique, Laboratoire d'Informatique pour la Mécanique et les Sciences de l'Ingénieur: Joseph Mariani
		Evaluations and Language Resources Distribution Agency: Khalid Choukri
Griekenland	Greece	R.C. "Athena", Institute for Language and Speech Processing: Stelios Piperidis
Groot Britannië	UK	School of Computer Science, University of Manchester: Sophia Ananiadou
		Institute for Language, Cognition and Computation, Center for Speech Technology Research, University of Edinburgh: Steve Renals
		Research Institute of Informatics and Language Processing, University of Wolverhampton: Ruslan Mitkov
Hongarije	Hungary	Research Institute for Linguistics, Hungarian Academy of Sciences: Tamás Váradi
		Department of Telecommunications and Media Informatics, Budapest University of Technology and Economics: Géza Németh, Gábor Olaszy
Ierland	Ireland	School of Computing, Dublin City University: Josef van Genabith
IJsland	Iceland	School of Humanities, University of Iceland: Eiríkur Rögnvaldsson

Italië	Italy	Consiglio Nazionale delle Ricerche, Istituto di Linguistica Computazionale "Antonio Zampolli": Nicoletta Calzolari
		Human Language Technology Research Unit, Fondazione Bruno Kessler: Bernardo Magnini
Kroatië	Croatia	Institute of Linguistics, Faculty of Humanities and Social Science, University of Zagreb: Marko Tadić
Letland	Latvia	Tilde: Andrejs Vasiļjevs
		Institute of Mathematics and Computer Science, University of Latvia: Inguna Skadiņa
Litouwen	Lithuania	Institute of the Lithuanian Language: Jolanta Zabarskaitė
Luxemburg	Luxembourg	Arax Ltd.: Vartkes Goetcherian
Malta	Malta	Department Intelligent Computer Systems, University of Malta: Mike Rosner
Nederland	Netherlands	Utrecht Institute of Linguistics, Utrecht University: Jan Odijk
		Computational Linguistics, University of Groningen: Gertjan van Noord
Noorwegen	Norway	Department of Linguistic, Literary and Aesthetic Studies, University of Bergen: Koenraad De Smedt
		Department of Informatics, Language Technology Group, University of Oslo: Stephan Oepen
Oostenrijk	Austria	Zentrum für Translationswissenschaft, Universität Wien: Gerhard Budin
Polen	Poland	Institute of Computer Science, Polish Academy of Sciences: Adam Przepiórkowski, Maciej Ogrodniczuk
		University of Łódź: Barbara Lewandowska-Tomaszczyk, Piotr Pęzik
		Department of Computer Linguistics and Artificial Intelligence, Adam Mickiewicz University: Zygmunt Vetulani
Portugal	Portugal	University of Lisbon: António Branco, Amália Mendes
		Spoken Language Systems Laboratory, Institute for Systems Engineering and Computers: Isabel Trancoso
Roemenië	Romania	Research Institute for Artificial Intelligence, Romanian Academy of Sciences: Dan Tufiş
		Faculty of Computer Science, University Alexandru Ioan Cuza of Iaşi: Dan Cristea
Servië	Serbia	University of Belgrade, Faculty of Mathematics: Duško Vitas, Cvetana Krstev, Ivan Obradović
		Pupin Institute: Sanja Vranes
Slovenië	Slovenia	Jozef Stefan Institute: Marko Grobelnik
Slowakije	Slovakia	Ľudovít Štúr Institute of Linguistics, Slovak Academy of Sciences: Radovan Garabík
Spanje	Spain	Barcelona Media: Toni Badia, Maite Melero

Institut Universitari de Lingüística Aplicada, Universitat Pompeu Fabra: Núria Bel

Aholab Signal Processing Laboratory, University of the Basque Country: Inma Hernaez Rioja

Center for Language and Speech Technologies and Applications, Universitat Politècnica de Catalunya: Asunción Moreno

Department of Signal Processing and Communications, University of Vigo: Carmen García Mateo

Tsjechië	Czech Republic	Institute of Formal and Applied Linguistics, Charles University in Prague: Jan Hajič
Zweden	Sweden	Department of Swedish, University of Gothenburg: Lars Borin
Zwitserland	Switzerland	Idiap Research Institute: Hervé Bourlard

Ongeveer 100 Experts op het gebied van de taaltechnologie – afgezanten van de in META-NET vertegenwoordigde landen en talen – bediscussieerden en finaliseerden de belangrijkste conclusies van de witboekserie op een META-NET-bijeenkomst in Berlijn op 21/2. oktober 2011. – About 100 language technology experts – representatives of the countries and languages represented in META-NET – discussed and finalised the key results and messages of the White Paper Series at a META-NET meeting in Berlin, Germany, on October 21/22, 2011.

META-NET THE META-NET
WITBOEKSERIE WHITE PAPER SERIES

Baskisch	Basque	euskara
Bulgaars	Bulgarian	български
Catalaans	Catalan	català
Deens	Danish	dansk
Duits	German	Deutsch
Engels	English	English
Ests	Estonian	eesti
Fins	Finnish	suomi
Frans	French	français
Galicisch	Galician	galego
Grieks	Greek	ελληνικά
Hongaars	Hungarian	magyar
Iers	Irish	Gaeilge
IJslands	Icelandic	íslenska
Italiaans	Italian	italiano
Kroatisch	Croatian	hrvatski
Lets	Latvian	latviešu valoda
Litouws	Lithuanian	lietuvių kalba
Maltees	Maltese	Malti
Nederlands	Dutch	Nederlands
Noors Bokmål	Norwegian Bokmål	bokmål
Noors Nynorsk	Norwegian Nynorsk	nynorsk
Pools	Polish	polski
Portugees	Portuguese	português
Roemeens	Romanian	română
Servisch	Serbian	српски
Sloveens	Slovene	slovenščina
Slowaaks	Slovak	slovenčina
Spaans	Spanish	español
Tsjechisch	Czech	čeština
Zweeds	Swedish	svenska

Printed by Publishers' Graphics LLC
MO20120925-2159-151